防範化解
中國壽險公司
流動性風險研究

沈璜、劉小書 著

Study on Prevention and Mitigation
of the Liquidity Risk
in Chinese Life Insurance Corporation

近些年,中國壽險行業迅猛發展,高收益、中短存續期產品引起行業對流動性問題高度關注,流動性風險激化了行業發展中所存在的問題,問題處理不當就會引發企業危機,同時流動性風險也在風險與危機中推動了整個行業的發展和創新,這正是我們去理解和探索流動性風險及其本質的價值所在。

財經錢線

序　言

　　風險無處不在。認識風險、控制風險、消除風險，實現利益的最大化，是個體、組織、政府所共同追求的目標。

　　中國保險業面臨的風險，大體上有七大類，即保險風險、市場風險、信用風險、操作風險、戰略風險、聲譽風險、流動性風險。而流動性風險因其形成的原因複雜、衝擊破壞力大，在極端情況下流動性不足甚至可能導致破產，是金融機構最致命的風險。流動性風險的產生除了因流動性計劃管理不完善、流動性管理機制不健全的因素之外，信用風險、市場風險、操作風險、聲譽風險等風險領域的管理缺陷同樣會導致流動性不足。流動性風險一般可劃分為三個層次，第一個層次是某一個公司層面存在當期現金流缺口，需要通過變賣資產、籌資活動等方式解決；第二個層次是某一類公司存在流動性不足，公司自我解決風險手段失效，需要政府及第三方機構（如保險保障基金）介入阻止風險的擴散；第三個層次是整個市場存在流動性危機，如2007年美國的

次貸危機。

中國作為新興的保險市場，在良好的宏觀經濟預期環境下，保險創新層出不窮，保險開放不斷擴大，「國十條」等政策支持效應不斷顯現，保費規模得到快速增長，特別是壽險行業的發展異軍突起，成為保險市場最主要的主體，行業發展規模已成為繼美國之後的全球第二大壽險市場。發展與風險共存，尤其是流動性的風險壓力日增。人壽保險經營原理必然存在資產負債的不完全匹配，隱藏著潛在的流動性風險，再加上宏觀環境、決策失敗、企業競爭等因素，個別壽險公司出現當期流動性問題是符合企業發展生態的。資產驅動負債型公司的興起、中短存續期產品的大規模銷售，退保規模和比例快速上升，監管密集出抬結構調整系列政策後，規模型業務大幅收縮，一些壽險公司呈現出流動性風險隱患。這些公司還暴露出公司治理不完善、資產負債管理不足、產品結構失衡等一系列問題，使得流動性風險及其成因更加複雜化。

在流動性短缺下，保險公司通常會以高額成本獲取資金以應對突發的流動性需求，造成巨額的損失，影響其盈利能力；而一旦出現了違約風險，特別是在疊加的機構信用危機下就可能對整個金融市場帶來破壞性的危害。除此之外，還會影響投保人對保險公司的信任，潛在購買需求的減少，保單退保或保單貸款的增加等。比如全球保險巨頭美國 AIG 在次貸危機中也難以幸免；20世紀 90 年代日本在本國經濟衰退及亞洲金融風暴的衝擊中，先後

多家壽險公司破產等。由此可見，流動性風險帶來的危害性和破壞性。

流動性是當前中國保險風險監管和風險處置工作中首先要面對和解決的實際問題，流動性作為企業的「生命線」，不論是政府還是企業本身都格外重視。流動性風險管理，無論從宏觀的角度對風險管理機制的思考，還是從微觀角度包括對流動性風險的識別、計量、監測和控制，都需要保險公司、保險市場、監督機構等共同參與，建立和完善事前預警和糾正、事中管理、事後處置與救濟等一整套制度機制，從而避免出現區域性、系統性的流動性風險，促進中國壽險業的健康持續發展。

如何防範出現第三個層次的流動性危機，化解第二層次的流動性不足，降低第一層次的流動性問題，這需要系統性地進行思考和研究。沈璜、劉小書兩位同志具有豐富的金融保險實務經驗和良好的專業理論研究能力。2017年他們參與了中國保監會部級研究課題項目——「防範化解中國保險機構流動性風險研究」，在大量實證研究的基礎上，對流動性風險進行了全面的梳理和認真分析，最終形成《防範化解中國壽險公司流動性風險研究》這本專著。該專著較為系統性地對中國當前壽險業流動性風險及管理進行了研究，並提出了系列管理建議，為行業提供了許多有益的啓發和參考。更可貴的是，他們長期以來的堅持以及為行業發展所做努力的責任感尤為值得敬佩，這可能是他們最大的成果。

今年是打好金融風險攻堅戰的第一年，全行業正在全面部

署、有序開展。借此機會，希望有更多的學者、機構參與到該項研究和探索中來，不斷指導、完善保險業的風險管理水準，促進保險業高質量穩健發展。

李有祥

前　言

　　多年的內部審計工作經歷，讓我們能夠瞭解和接觸組織的各個層面，從對風險的認識開始，逐步探索和形成了對整個組織風險管理的廣泛視野。數十年來，我們歷經了保險業的發展、改革和變化，非常欣慰的是能在這一新興行業中不斷成長和自我發展，使我們在職業生涯中可以學到許多寶貴的經驗。與此同時，出於職業敏銳度我們也看到了行業發展中的一些現象和組織面臨的風險。從中短存續期產品的上市，到後期的熱銷，再到系列監管政策出抬，個別壽險公司出現流動性風險隱患，我們持續地進行著關注，先後撰寫並發表了《壽險公司流動性風險審計探索》[①]《信心對壽險市場流動性影響探析》[②]《中國壽險業流動性風險管理體系建設探索》[③]《壽險公司流動性風險的行為經濟分析》[④]等系列文章，參與了2017年度中國保監會部級研究課題「防範化解中

[①]　《壽險公司流動性風險審計探索》發表於《保險理論與實踐》2017年第1期。
[②]　《信心對壽險市場流動性影響探析》發表於《保險理論與實踐》2018年第6期。
[③]　《中國壽險業流動性風險管理體系建設探索》發表於《保險理論與實踐》2018年第7期。
[④]　《壽險公司流動性風險的行為經濟分析》發表於《保險理論與實踐》2018年第12期。

國保險機構流動性風險研究」。在此過程中，不僅擴展了我們對風險的視角，更進一步深入了對中國壽險業發展的認知。我們期望能從中分享得到的經驗和啟示，因而對近些年的研究內容和感悟進行了系統性的梳理，形成了本專著。

正所謂「流動是金」，為什麼還會不斷有流動性風險事件發生呢？無論是1997年的亞洲金融危機，還是2007年的全球金融危機，都呈現出不同程度的流動性問題。那麼，對於壽險行業來說流動性風險又是如何發生的？本專著將從風險管理和內部審計兩個角度進行探討，共分為三個部分。第一部分，主要介紹本專著研究的背景和基本思路。第二部分，基於風險管理的視角，從主觀和客觀兩個角度，對壽險業的流動性風險進行探討分析。第三部分，基於內部審計的視角，從流動性風險審計的角度，對壽險公司的流動性風險內部管控進行了探索。

本專著的第一部分（第一章導論）：研究的背景和基本思路。首先概述了流動性風險研究的背景，對中國壽險公司流動性風險的一些基本認知進行了闡述，包括人壽保險經營原理隱藏著潛在的流動性風險、現行宏觀經濟加大了流動性風險以及發展中的壽險市場流動性風險抵禦能力較弱三個層面。在此基礎上，對國內外研究的現狀進行了評述，基於風險管理基本理念框架的壽險公司流動性風險研究相對較少，從而提出了本專題思考的邏輯和立足點：基於中國壽險公司當前流動性風險特徵以及流動性風險管理的現狀，以行為經濟學為切入點，以風險管理和內部審計為視角，從主觀和客觀兩個角度對壽險公司的流動性風險進行了梳理；從保險市場、監督機構、保險公司三個角度出發，從頂層設計、管理監督、內部管控三個維度搭建中國壽險公司流動性風險管理體系

框架。

本專著的第二部分（第二至五章）：基於風險管理的視角，從主觀和客觀兩個角度，對壽險業的流動性風險進行探討分析。主要內容概述如下：

第二章，基於行為經濟學理論，從主觀方面對流動性風險產生的因素進行了探討。列舉了流動性管理不善的一些典型案例，通過分析發現這些案例在不同程度上體現出經濟動機、社會動機、道德動機。基於此，以上述三個要素為出發點，對中國壽險公司流動性風險進行了識別和分析。一是壽險業生產週期倒置的經營模式，使得經濟動機下產生的短期行為給投資和經營活動帶來巨大的影響，從而也脫離了保險經營的經濟補償和社會管理職能，經濟動機下帶來流動性風險隱患。二是由於行業對商業保險在經濟補償、資金融通、社會管理三個職能方面的認知有所不同，凸顯了社會動機下隱藏的流動性風險危機。三是在過於關注短期行為的利益驅使下，道德動機加劇了流動性風險的爆發。

第三章，基於流動性的根源——信心，從客觀方面對流動性風險產生的因素進行了探討，包括保單持有人信心與流動性、銀行及投資者信心與流動性以及影響公眾信心的一些其他因素。通過建立以風險保障類產品信心指數、投資類產品信心指數為基礎的保險產品信心分析指標體系，識別和判斷保單持有人信心的變動。而交易對手方違約資產業務出現巨大的信用風險、突發的聲譽事件帶來的信任危機、缺乏健全的應急計劃來處理災難情況為影響銀行及投資者信心下降的主要因素。除此之外，還需要關注保險業發展中的風險管控以及對歷史問題的梳理，防範其對信心的影響。

第四章，在對壽險業流動性風險的深入研究基礎上，從頂層設計方面對流動性風險管理體系建設進行了探索，分別為流動性風險管理第一道防線——微觀流動性風險管理、流動性風險管理第二道防線——流動性緊急救助、流動性風險管理第三道防線——宏觀審慎性流動性風險管理。在微觀流動性風險管理方面，通過假設分析得出在各種變化下現金流壓力測試的缺口規模總量非常關鍵，提出了通過資產負債的多樣性緩釋流動性風險的規模效應，通過現金流缺口管理的回應速度降低各風險間的交叉影響，通過系統管理的有效性防範流動性風險管理技術缺陷，來強化現金流缺口管理降低流動性風險規模效應。在流動性緊急救助方面，通過建立流動性風險緊急救助的實施機制、建立流動性風險緊急救助的懲罰機制以及完善的保險保障基金管理機制，來促進流動性風險緊急救助作用的有效發揮。在流動性風險宏觀審慎性管理方面，對影響流動性的潛在風險因素進行了分析，如科技創新、保費增長、監管政策對流動性的影響，提出了通過逆週期監管降低風險發生的可能性、通過對系統重要性機構監管降低風險發生的危害程度、通過分類監管提升監管的針對性、制定宏觀審慎性監管的補充性措施等建議。

第五章，綜合第二、三、四章的研究分析，從管理監督具體舉措方面提出了關於流動性風險管理的一些建議。一是在理念方面，樹立正確的保險經營認知觀；二是在文化方面，持續推進保險業誠信道德體系建設，如建立誠信道德體系基本框架、嚴格監管及促進重塑行業行為規範、推動行銷人員體系改革；三是在體制方面，完善保險市場的機制體制建設，如政策上推動和引導壽險產品迴歸保險保障、逐步推進保險產品的市場化進程、建立應急方案防止信任危機爆發；四是在監管方面，

強化保險機構流動性風險監管,如嘗試開展對壽險公司企業文化的評估、加大對壽險公司流動性風險管理機制的評估、加強流動性風險管理和監控。

本專著的第三部分(第六至八章):基於內部審計的視角,從流動性風險審計的角度,對壽險公司的流動性風險內部管控進行了探索。主要內容概述如下:

第六章,運用風險和風險管理的思考邏輯框架,基於內部審計管理的視角,對內部審計體系框架的建設進行了探討[①]。本章立足於促進內部審計價值的提升,結合「償二代」監管理念和思路,以風險導向為核心,對內部審計戰略規劃、風險源採集識別系統、組織機構設置以及業務流程四個方面的構建思路進行了探討,形成了以風險為導向的內部審計體系框架,以促進內部審計實現價值轉型,為第七章壽險公司流動性風險模型的構建提供了有力支撐。同時,以風險為導向的業務流程框架的探索,也為行業在全面風險管理體系建設探索中提供一些有益的借鑑。

第七章,從內部審計的視角,對壽險公司流動性風險產生的內在成因進行了分析,並對壽險公司流動性風險內部審計模型進行了探索。內部審計的目的是幫助企業實現目標,創造價值,關注的是企業現在和未來可能存在的風險。由於風險是隨著內外部環境變化而變化的,因而對於壽險公司流動性風險內部審計模型的探索是基於當時的壽險市場環境而建立的。通過分析,流動性風險的主要根源在於資產負債嚴重不匹

---

① 《「償二代」下以風險為導向的內部審計模式探討》發表於《保險理論與實踐》2016年第9期,本專著對相關內容進行了梳理。

配，其進一步分析體現在以下幾個方面：（1）在管理上缺乏資產負債協調管理意識，資產負債嚴重不匹配；（2）在負債端的管理上產品結構不合理、產品設計時定價利率與投資組合收益之間相關度較低；（3）在資產端的管理上個別保險公司投資過於激進，不能及時有效地應對市場環境的變化；（4）在風險管理上公司戰略（業務）規劃未將風險管理前置，缺乏對未來可能風險因素造成的結果分析，以及未對風險進行持續跟蹤並實行閉環式管理；（5）在業務推動上規模導向，使得銷售誤導現象仍較為普遍，普遍性的「長險短賣」加大了期限錯配。除此之外，金融市場發育程度、下行的經濟環境、累積的信用風險、消息輿論（擠兌）、集團公司間的風險傳遞等也會對流動性造成影響。在此基礎上建立了內部審計模型，重點關注可能引發流動性風險的系列管理缺陷：一是重點關注流動性風險管理機制的健全性及執行的有效性；二是流動性風險識別，基於經驗角度並結合中國保險業環境現狀，從監管環境、保險風險、信用風險、市場風險、操作風險、戰略風險、聲譽風險等維度出發，構建了風險點模型；三是通過建立流動性風險監測體系，從內部審計客觀的角度定期對相應流動性風險指標進行驗證和預測；四是加強流動性風險後續審計，提升整改效果。

第八章，運用風險和風險管理的思考邏輯框架，以案例的形式探討了有效審計開展的核心要素。眾所周知，保險公司的償付能力，在一定程度上依賴於保險準備金的提取。保險準備金是為了承擔未到期責任或者未決賠款等將來發生的責任而從保險費收入中提存的資金準備基金，主要有非壽險未到期責任準備金、未決賠款準備金、壽險責任準備金等。準備金的計量對於保險公司的利潤有著非常大的影響，同樣也會影

響著公司流動性的計量。其中未決賠款準備金舞弊空間較大，相對於長期險種來說，短期險種引發準備金調整因素多，誘發風險大。本章將以短期壽險中的意外險和健康險未決賠款準備金管理與審計[①]為切入點，試圖提供更為廣泛的風險分析視角：基於對未決賠款準備金及其控制的理解——未決賠款準備金的重要意義和管理概述以及未決賠款準備金風險的理解——未決賠款準備金偏差分析，在此基礎上形成了對未決賠款準備金審計模型的探索。

在壽險公司流動性風險理論研究的過程中，如何理解和認識風險和風險管理，對於整體框架的搭建和思維邏輯的形成起著非常關鍵的作用，而這些是來自於多年的內部審計管理和內部審計項目工作中日積月累的經驗。不同的時期、不同的企業面臨的風險可能千差萬別，而風險管理實踐的內涵和邏輯卻是相似的。以上是職業實踐中的一些探索和經驗總結，希望這些觀點和思考能給大家帶來些啟示和參考。本專著中所闡述的觀點為作者個人的認知，不代表所在公司的觀點。

---

① 《非壽險公司未決賠款準備金管理與審計》發表於《保險理論與實踐》2017年第3期，本專著對相關內容進行了梳理。

目　錄

第一部分　研究背景和基本思路

第一章　導論／3

第一節　研究背景／3

第二節　國內外研究現狀評述／7

第三節　基本思路、總體框架和研究方法／12

第二部分　壽險業流動性風險管理研究

第二章　壽險公司流動性風險的行為經濟分析／17

第一節　行為經濟學的基本理論／17

第二節　流動性管理不善的一些典型案例——基於行為經濟學視角／19

第三節　中國壽險公司流動性風險分析——基於行為經濟學視角／25

第三章　信心對壽險市場流動性的影響 / 31

　　第一節　流動性的根源：信心 / 31

　　第二節　保單持有人信心與流動性分析 / 33

　　第三節　銀行及投資者信心與流動性分析 / 37

　　第四節　影響公眾信心的其他因素分析 / 40

第四章　壽險業流動性風險管理體系建設 / 43

　　第一節　壽險業流動性風險管理概述 / 43

　　第二節　微觀流動性風險本質與流動性風險管理 / 47

　　第三節　流動性風險緊急救助三大管理機制 / 51

　　第四節　流動性風險因素分析與宏觀審慎性管理 / 54

第五章　關於流動性風險管理的一些建議 / 59

　　第一節　理念方面：樹立正確的保險經營認知觀 / 60

　　第二節　文化方面：持續推進保險業誠信道德體系建設 / 61

　　第三節　體制方面：完善保險市場的機制體制建設 / 63

　　第四節　監管方面：強化保險機構流動性風險監管 / 65

第三部分　壽險公司流動性風險內部審計研究

第六章　內部審計體系框架建設

　　　　——《償二代》下以風險為導向的稽核模式 / 71

　　第一節　保險行業內部審計發展現狀分析 / 71

　　第二節　以風險為導向的內部審計內涵概述 / 74

　　第三節　以風險為導向的內部審計模式的實踐探索 / 76

第七章　壽險公司流動性風險審計 / 89

第一節　壽險公司流動性風險產生的內在成因 / 89

第二節　流動性風險的審計目標和重點 / 91

第三節　壽險公司流動性風險內部審計模型探索 / 92

第八章　內部審計案例：流動性影響因素之一
　　　　——未決賠款準備金管理與審計 / 102

第一節　未決賠款準備金的重要意義和管理概述 / 103

第二節　未決賠款準備金偏差分析 / 105

第三節　未決賠款準備金審計探索 / 109

參考文獻 / 118

後記 / 121

致謝（一） / 123

致謝（二） / 125

第一部分
研究背景和基本思路

　　近些年，中國壽險行業迅猛發展，高收益、中短存續期產品引起了行業對流動性問題的高度關注。流動性風險激化了行業發展中所存在問題，處理不當甚至會帶來危機，同時流動性風險也在風險與危機中推動了整個行業的發展和創新。我們理解流動性風險的根源的同時，探索從行為經濟學的視角，立足於風險管控本身，對如何防範和化解中國壽險公司流動性風險進行了系列思考。

第一章 導論

第一節 研究背景

中國保監會《中國第二代償付能力監管制度體系建設規劃》（以下簡稱《償二代》）對流動性風險的定義為：保險公司無法及時獲得充足資金或無法及時以合理成本獲得充足資金，以支付到期債務或履行其他支付義務的風險。張華（2002）在《壽險公司流動性風險管理研究》中指出，流動性風險的表現形式為：（1）不能及時以現金給付保險金，支付保險賠款、退保金等債務；（2）信貸資金不足，不能有效滿足投保人保單抵押貸款的需要；（3）不能以有效的主動債務解決資金來源；（4）被迫低價出賣資產或高成本購得債務。

流動性風險具有不確定性強、衝擊破壞力大、無法量化等特點，是金融機構最致命的風險，這些在美國、日本、韓國等國家壽險市場已經有過深刻教訓。中國傳統壽險業務發展有其獨特的歷史軌跡，長期以來人海戰術、重規模輕質量、以收益為主要銷售模式影響了公眾對保險的認識和信任，產品和渠道結構單一、投資激進。從國外眾多流動性短缺

或破產案例來看，業務結構失衡、資產流動性不足、集中退保等都可能成為流動性風險的觸發因素。當前，中國壽險業不僅面臨著人壽保險經營原理必然存在資產負債的不完全匹配，隱藏著潛在流動性風險的這一固有風險。同時，還面臨著現行宏觀經濟環境加大了流動性風險，以及發展中的壽險市場流動性風險抵禦能力較弱的現狀。

一、人壽保險經營原理隱藏著潛在的流動性風險

人壽保險是通過先收取一定的保費，在未來合同約定的事項發生時進行給付。保費即為保險人對投保人的負債，保險資金用於投資形成了公司的資產。如果負債的變動使現金需求大於目前資產在正常情況下能夠提供的現金水準，則會表現為流動性短缺，壽險公司資產負債不匹配的流動性短缺所造成的損失就是流動性風險。

負債端的費差損風險。具體來講，一張保單保費由純保費和附加保費兩部分組成，其中：附加保費是用於保險公司營業費用支出，當營業費用總額超過精算設定的附加保險費總額，就形成了負債端的費差損。若出現嚴重的非正常費差損，就會形成風險，從而大量耗費公司的資本，使償付能力承受巨大的壓力；高成本負債將倒逼形成高風險激進投資，而一旦投資失敗又將會出現嚴重的利差損。

資產端的利差損風險。所謂利差損，就是保險資金運用收益率低於有效保險合同的平均預定利率。若利差損長期存在，資產負債的缺口就會越來越大，同樣也會大量耗費公司的資本。同時，利率下降還會影響產品的吸引力，新業務將呈現下滑的趨勢。如果出現集中大規模的退保或保單貸款這種極端的情況，就極易產生流動性危機。

另外，純保費是用於約定的事項發生時進行的給付，兩者之間的差額形成「死差」，目前精算設定的純保費能夠基本滿足約定事項發生時進行的給付，形成的死差損或死差益對公司經營及流動性不構成較大影響，在此姑且不論。

二、現行宏觀經濟環境加大了流動性風險

流動性風險直接產生於資產期限結構和負債期限結構的錯配，受傳統壽險產品負債的長期性、資本市場上長期投資項目短缺的投資環境影響，壽險公司客觀上面臨著期限和數額不匹配的現狀。

新常態下中國經濟增長率呈「L」形橫向延展，略有下降趨勢，宏觀經濟面臨下行壓力；2014年以來，央行多次下調存貸款基準利率，低利率環境加大了資產負債不匹配風險。2016年1-3季度保險行業資金運用收益率同比下降近2個百分點，2018年資金運用收益率面臨著更大的挑戰。收益率中樞走低與負債成本攀升可能帶來收益錯配風險，極易出現「利差益」難以彌補「費差損」或「費差損」傍生著「利差損」現象出現；「以短接長、短錢長配」和「長錢短用」並存帶來期限錯配風險，增大了壽險公司流動性風險。

同時，整體金融環境不容樂觀，債券違約事件頻繁發生。據初步統計2016年違約產品約60只，其中央企債券違約占比約6個百分點[1]，2017年形勢並未好轉。債券違約事件頻繁暴露，已有殃及險資的案例，保險資金運用面臨的信用風險增大；若市場信用風險形勢進一步嚴峻，

---

[1] 銀行信息港. 2016年債券違約簡述 [EB/OL]. (2016-12-23). http://www.yinhang123.net/gnyh/yhdt/497916.html.

資金成本高漲，將嚴重影響保險公司的籌資能力，現金流壓力下將會加劇流動性風險。

三、發展中的壽險市場流動性風險抵禦能力較弱

中國作為新興的保險市場，行業發展規模已發展成繼美國之後的全球第二大壽險市場[①]，保費規模快速增長，新增保費收入在一定程度上推遲給付危機的到來。在這一發展過程中，保險公司呈現出層級化。

傳統的大型壽險公司。該類公司經營管理體系相對較健全，風險管理和內部控制較完善，資產負債進行了匹配管理，流動性風險基本可控。

個別激進型壽險公司。該類公司在監管出抬結構調整系列政策前，高現價、短期限的萬能險產品占整個保費總量的比重較高，個別公司比例高達80%以上。這些公司的資金大多投入到相對激進的權益類資產和另類投資，面臨著嚴重的現金流錯配和利差損風險。對於內外部環境變化的抵禦能力相對脆弱，若受到政策形勢調整、內外部風險傳導等影響，現金流就極有可能出現斷裂的風險，流動性風險就會爆發。

鑒於兩者之間的一些中小型壽險公司。該類公司新業務發展相對平緩，但是內部控制和風險管理還處於初級階段，資產端和負債端呈現「兩張皮」，對於市場風險的傳遞抵禦能力較差。一旦激進型壽險公司出現流動性危機，引發市場對保險產品的信任，將導致大規模的退保；若信任風險傳導至此類中小型保險公司，將會給其帶來嚴重的給付危

---

① 瑞士再保險. 2017年全球保費收入繼續增長，新興市場領跑 [EB/OL]. (2018-07-11) [2018-08-07]. https://www.swissre.com/insitute/research/sigma-2018-03.html.

機；而一旦中小型保險公司面臨流動性危機，將導致整個保險市場的連鎖反應，傳統大型保險公司的經營發展也必然受到嚴重影響，對於保險業來說將會是一場嚴肅的洗禮。

由於人壽保險經營原理必然存在資產負債的不完全匹配，隱藏著潛在的流動性風險。隨著監管密集出抬結構調整系列政策後，投資型業務收縮，業務收入增速放緩；與此同時，滿期給付和退保壓力依然較大，高度依賴投資型業務的資產驅動負債型公司已經存在流動性風險隱患。保險公司、保險市場、監督機構如何建立和完善事前預警和糾正、事中管理、事後處置與救濟等一整套制度機制，是當前壽險業亟須應對和解決的問題。

第二節　國內外研究現狀評述

國內外學者不乏對流動性風險進行研究，有從宏觀的角度對風險管理機制的思考，也有從微觀角度包括對流動性風險的識別、計量、監測和控制等的研究，值得借鑑。

一、國外前期研究及主要觀點

在流動性風險宏觀管理研究方面，本特·霍姆斯特羅姆、讓·梯若爾（2017）基於內部流動性與外部流動性，對實體企業和金融機構流動性的需求和供給進行了系統性的研究，指出企業的收入可分為保證性收入和非保證性收入，正是由於後者的存在導致企業有時缺乏足夠的資

金繼續有利可圖的項目。同時提供了偏離完全市場和一般均衡的相對完整的流動性短缺模型，具有開創性。喬治·查科、卡洛琳·L. 埃文斯、漢斯·谷納溫、安德森·舍曼（2016）研究了流動性風險對金融體系的影響，指出銀行、對沖基金、保險、中央銀行、金融市場等在管理流動性風險時無意中將流動性衝擊通過金融系統轉移到其他行業中。安東尼·桑德斯、馬西婭·米倫·科尼特（Anthony Saunders、Marcia Millon Cornett，2012）從風險管理的視角，對金融機構管理者面臨的風險，以及管理這些風險的方法和市場做了相應的研究和分析，包括流動性風險、負債和流動性管理，指出所有的金融機構都面臨某種程度的負債提現或流動性風險，風險大小取決於向負債持有者出售的債權憑證的種類。凱文·瓦什（Kevin Warsh，2007）強調產生市場流動性的根源，並將流動性高度凝練為「信心」。埃里克·班克斯（2005）對企業的資產流動性風險和籌資流動性風險及管理進行了系統性研究，指出雖然流動性問題的最初原因也許完全是內生的，但是促進生成旋渦運動的是外生因素和內生因素的混合，失去了利益相關人的信任和對危機反應的管理無能，二者都是重要的基本原因。珀森德（Avinash D. Persaud，2007）對如何理解、量化與管理金融流動性風險進行了大量研究，並通過對美國市場流動性風險和大規模金融危機實例的剖析，為市場流動性的監管提供了很好的問題解決方法和框架。

在具體行業的研究方面，紀堯姆·普來丁、讓·夏爾·羅歇（2017）通過對危機中保險公司面臨的一系列困境分析和實際案例記錄與深析，指出當盈利狀況惡化時，管理者傾向於承擔過度的風險，同時這些過度的風險有可能後來會發生，從而進一步造成盈利狀況的惡化。

並從經濟學的角度出發，對整個保險行業進行審慎監管的作用以及相應的政策、制度設計進行了深入探討，並引出了保險審慎監管的邏輯出發點與理論基礎。Moorad Choudhry（2012）基於銀行業務的經營原理，脫離傳統的宏觀研究和微觀計量模型和工具，探討了銀行流動性風險與資產負債管理，指出表外資產是資產負債表的構成。

二、國內前期研究及主要觀點

在流動性風險宏觀管理研究方面，劉曉星（2018）著重研究了全球化條件下流動性衝擊金融系統穩定的多渠道傳導擴散機制及其風險監控體系，構建了多維度的流動性風險監控體系。楊海平（2016）對流動性週期視角下的金融風險傳染進行了深入研究，分析了基於資產負債表連接的風險傳染邏輯，揭示了風險傳染的貿易途徑、投資途徑、心理渠道等，提供了風險傳染的全景圖。彭江波（2015）對宏觀審慎管理框架下的差別化金融調控進行了探索。萬志宏（2012）對流動性的本源和內涵進行了系統性的研究，並從微觀和宏觀層面對如何管理流動性提出了相關看法，指出對於流動性風險的有效管理沒有惟一的「正確解決方法」，但是流動性風險管理的概念可以說是「放之四海而皆準」，並提供了積極流動性風險管理的最佳實踐，以及通過宏觀審慎性監管防範系統性風險的思路。邢天才、袁野（2012）基於金融機構面板數據的實證分析，對美國金融機構融資流動性風險變化的影響因素進行了研究，認為影響美國金融機構融資流動性風險變化的因素主要包括資產負債表期限不匹配、資產負債表效應和資產負債表外業務。邢天才、田蕊（2011）對中國中央銀行及相關決策部門如何應對流動性衝擊，維護金

融穩定提出相應的政策框架。李國民（2010）基於美國金融危機發生後流動性快速緊縮的視角，對美國金融危機的原因和教訓進行了系統的研究，指出會計估值、保證金和折扣、槓桿累積、不當評級等因素，單獨或相互交織對流動性的快速惡化施加了影響。

在具體行業的研究方面，銀行業有財政部財政科學研究所（2018）對商業銀行流動性風險度量方法的研究，楊有振（2017）對流動性風險約束與中國商業銀行資本結構的動態調整機制的研究，梁楓、楊有振（2017）在宏觀審慎視角下對商業銀行流動性風險監管的研究，季敦民（2008）對商業銀行流動性風險度量方法的研究，李洪斌（2007）對商業銀行流動性風險管理的研究，安國勇（2006）對銀行業流動性危機生成機制的研究。證券業有羅文欽（2018）對股票市場流動性的制度約束與風險管理的研究，楊朝軍、姚亞偉、萬孝園（2017）基於理論與實證技術對證券市場流動性價值與流動性風險管理的研究，王建平（2016）對證券公司流動性風險管理實務的研究，王曉翌（2016）基於中國公司債券對流動性與資產定價的研究，王靈芝、吳忠（2013）對中國證券市場流動性風險測度與控制的研究，儲小俊（2013）對證券市場流動性的研究，佟孟華（2011）對中國證券市場流動性溢價及其穩定性和效應計量的研究，楊朝軍（2008）對證券市場流動性理論與中國實證的研究，劉海龍、仲黎明（2006）對證券市場流動性風險管理的研究。

相對於對銀行業、證券業流動性風險的研究，國內學者對保險業流動性風險的研究較少。李海濤（2014）從退保的角度對壽險公司流動性風險及其管理進行了研究，指出雖然壽險公司保戶退保並非一定會引

發風險，但當退保數量達到一定的程度，或者突發性的出現大規模的群體性退保時，就會使壽險公司面臨流動性風險。段文靜（2014）將壓力測試運用到現金流量法中，觀察壽險公司在壓力情景下的流動性狀況，根據壓力測試的結果進行流動性風險管理。張華（2002）從壽險公司流動性風險的形成原因和影響因素出發，落腳於通過強化資產負債管理來防範化解壽險公司流動性風險。潘鍥（2004）從壽險公司現金流的角度出發，對中國壽險公司現金流風險的預警和化解進行了研究，包括對現金流風險的精算和財務角度的預警、運用現金流動制會計管理和化解現金流風險等。上述分析可以看出，對於壽險公司流動性風險管理的研究和探索更多傾向於微觀層面。

綜上所述，由於流動性的重要性，國際國內學者進行了廣泛的研究。相比國際上對流動性風險更多維度的研究和思考，國內學者針對流動性風險的相關行為研究較少，更多的是從「理性」的角度去分析，忽略了在實際的經營管理中管理者甚少繼承經濟學家的思維模式。國內學者對金融機構的流動性風險研究方面，更多偏向於銀行業、證券業，對保險業流動性風險的研究較少。在僅有的一些對壽險公司流動性風險研究方面，國內學者更傾向於從微觀的角度進行思考，以流動性風險某一影響因素為切入點，忽略了風險管理的基本理念，在對固有風險進行評估時首先要考慮的是組織文化和內部環境的影響，而這種影響往往是系統性的。

為此，如何在分析中國壽險公司流動性風險特點及其管理方法上借鑑國外的經驗？如何更全面地剖析壽險業面臨的流動性風險及其原理？當前中國壽險公司面臨的流動性風險具有哪些獨有的行為特徵，而影響

這些行為的因素有哪些？如何從風險管理的視角管理這些風險，搭建中國壽險公司流動性風險管理體系框架？這些問題都為進一步探討本專題留下了廣闊的空間。本專題研究也將力圖回答這些問題，以期對中國壽險公司流動性風險管理的完善提供理論和實踐上的借鑑。

第三節　基本思路、總體框架和研究方法

多年的內部審計工作經歷，讓我們能夠瞭解和接觸組織的各個層面，從對風險的認識開始，逐漸探索和形成了對整個組織風險管理的廣泛視野。在「目標－風險－控制」的風險管理基本邏輯框架下，基於固有風險和控制風險的風險自有屬性，認識到流動性風險的產生不僅有主觀方面的因素，也有客觀方面的因素，這也構成了本專題研究的邏輯思路。

在考慮到經驗研究時需關注固有風險所處的組織文化和內部環境，本專題研究結合中國壽險業的發展歷程，從「有限理性」出發，以行為經濟學的基本理論為切入點，以風險管理和內部審計為視角，結合多年的實務工作經驗，對流動性風險的本質、現有問題進行了詳細的分析，側重和描述壽險行業流動性風險是如何發生的。基於中國壽險公司當前流動性風險特徵以及流動性風險管理的現狀，從保險市場、監督機構、保險公司三個角度出發，從頂層設計、管理監督、內部管控三個維度提出了管理思路和對策建議。通過研究，我們力圖在如何更好地防範以下三個層面的流動性風險，提供一些思考的邏輯和建議：如何防範第

三個層次整個市場出現流動性危機？如何化解第二次層次——某一類公司存在流動性不足，在公司自我解決風險手段失效的情況下，監管及第三方機構（如保險保障基金）如何介入阻止風險的擴散？如何強化第一個層次流動性風險管理，預防某一公司層面出現嚴重的當期流動性短缺？本專題研究的總體框架如圖1.1所示：

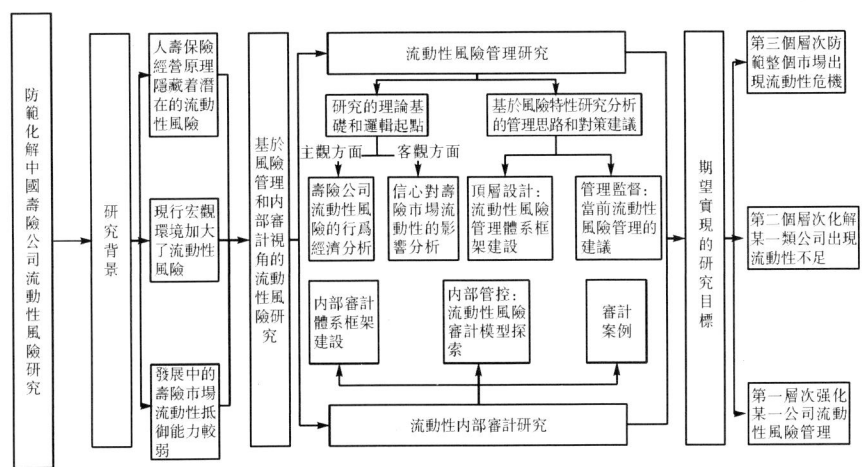

圖1.1 研究總體框架

本專題在現有研究的基礎上，通過理論分析和經驗研究兩個方面對中國壽險公司流動性的形成環境、影響因素、主要原因等進行了深入探討。與傳統的宏觀分析不同，本專題從行為經濟學的視角並結合實際案例對中國壽險公司的流動性風險進行了研究，這是一次新的有益嘗試。在整個研究框架上，從主觀和客觀兩個角度對壽險公司的流動性風險進行了梳理，立足於風險管控本身，對如何防範和化解中國壽險公司流動性風險進行了系統性的思考和研究，最後落腳於中國壽險業流動性風險防範的三個層級，這是一次新的思維探索。同時，對流動性風險審計模

型建設的思考在行業內也是較為少見的，尤其是在流動性風險識別、流動性風險監測方面的探索。

　　作為中國壽險公司流動性風險研究的一次新嘗試，本專題仍有一些不足之處：一是研究方向僅是該領域的某一切入點，研究內容僅是該領域的一部分，研究的深度尚待加強；二是流動性風險的影響因素極為複雜，且隨著外部環境的變化而變化，操作風險引發的流動性問題更是難以識別和評估，對流動性風險的全面認識和識別還有待提升；三是由於在數理統計模型方面的不足，更多的是結合經驗從理論和實踐方面進行探索。

第二部分

壽險業流動性風險管理研究

2017年，我們參與了中國保監會「防範化解中國保險機構流動性風險研究」的省部級研究課題項目，本部分主要是該課題的主要研究成果。基於風險管理的視角，對中國壽險公司流動性風險管理研究進行了探索。內容包括對中國壽險公司流動性風險的認知；基於行為經濟學的基本理論，從主觀的角度對壽險公司流動性風險的分析；基於流動性的根源，從客觀的角度對信心對壽險市場流動性影響的分析。在此基礎上，對壽險行業流動性風險管理體系建設、當前流動性風險的管理建議進行了探索。

第二章　壽險公司流動性風險的行為經濟分析

　　從理論上來講，如果能夠匹配和持有資產和負債直至到期，並且擁有足夠的緩衝來應對現金通知，就不會遇到太多或者說根本上就不會遇到流動性風險。這是一個看似簡單的道理，為什麼現實社會中還會不斷地出現流動性管理不善引發公司危機的案例呢？本章將試圖回答以上問題。

第一節　行為經濟學的基本理論

　　Spicer（1986）從行為經濟學的視角研究了稅收遵從的問題，發現偷稅除了經濟因素外，還受到諸如財政體系公正狀況、納稅人的朋友中有多少人偷稅等因素的影響。白智奇等（2018）引用了 Hilary G、Hsu G、Segal B（2016）的觀點，認為人的主觀心理感知與行動決策明顯受外部環境的影響，企業成功的經營與良好的業績極易誘發高管的個人認知偏差。從對這些行為經濟學研究理論的學習中可以看出，行為動機可

歸納為三個方面，即 Steven D. Levitt 和 Stephen J. Dubner 提出的經濟動機、社會動機和道德動機，同時主觀期望、個性偏好、選擇意向等在經濟活動中也起著舉足輕重的作用。

一、經濟動機與冒險行動

在人是自利的假設前提下，經濟學家認為人總是根據自身的偏好追求效用最大化。而行為經濟學家通過加入情緒、錯誤、有效預見力等非理性因素，提出了行為博弈論，其中較為經典的即「選美比賽博弈」。「選美比賽博弈」提出了有限重複推理，也就是說在金融危機中，即使所有的投資者都預見了崩盤，他們也不會反推到當前。有限理性的行為人，通常會計劃選擇在別人大批售出前出售，並且相信自己是能預見到他人的選擇，這就是為什麼即使每個人都知道泡沫最終會破滅而它還能維持的原因，正如我們所看到的樓市崩盤、2008 年次債危機等。

二、社會動機與監管失靈

從行為經濟學的角度來講，社會規範是社會共同信仰和利益的行為規則，是基於過程的個人理性，而不是基於產生的個人理性。通常，可分為內在規範和外部規範。內在規範，即行為人從自己的感受上是如何判斷其行為是合適的、可以接受的、有道德的；外部規範，即行為人對外部作用的評價，如監管部門對不遵從行為的態度，又如行為人對政府的決策和行為是否滿意等。是否會被發現、不遵從規則是否為普遍現象，使得行為人違背社會規範成為可能。

三、道德動機與文化迷失

Gary S. Becker[①] 提出：經濟分析的理論前提並不在於個體行為完全是為了謀取私利。Steven D. Levitt 和 Stephen J. Dubner《魔鬼經濟學》一書通過「百吉餅」的案例告訴我們絕大多數人是能抵禦住誘惑的，也就是說，影響個體行為的因素還包括涵蓋範圍更廣的價值標準和選擇偏好。對企業來說，人的行為受到公司所處環境的巨大影響。企業文化關乎公司的價值觀和信念，包括員工的招聘、培訓和晉升，而這些又會反作用於員工的處事態度和行為。通常，激進的企業文化會促使公司做出很多激進的行為。雖然公司的道德行為不是高管和員工道德的簡單加總，但高管的態度卻是非常關鍵的，不僅影響公司的政策和管理層傾向，還會對員工產生激勵或壓力，如什麼樣的做事方式是會被認可的、怎麼樣才能晉升等。

第二節　流動性管理不善的一些典型案例——基於行為經濟學視角

埃里克·班克斯（2005）對美國通用人壽公司[②]等七個流動性管

[①] Gary S. Becker：獲得 1992 年諾貝爾經濟學獎，為表揚其將微觀經濟學的分析視野拓展到非市場經濟領域的人類行為之中。

[②] 美國通用人壽公司是一家在全美國範圍內提供壽險服務的保險公司，持有單一短期籌資市場的過度份額，由於市場的不良傳言，連續的信用降級很快喪失了投資者的信任，融資對象迅速收回其短期債務，投資者提出撤資要求，僅用了十天一家等級穩固的保險公司就無充分的現金來償還金融債務。

理不善的案例進行了研究，分別為德崇證券公司①、阿斯肯資本公司②、橙縣③、長期資本管理公司④、美國通用人壽公司、瑞士航空公司⑤、安然公司⑥。七個案例在資產端、籌資端均暴露出了非常嚴重的流動性問題，通過對危機時所呈現的現狀進行分析，發現缺乏充分的流動資產、非流動資產占比較高、依靠有限的籌資來源、大量短期籌資或貼現折扣很大的融資、缺乏健全的應急計劃是這些案例的共性特徵，如表 2-1 所示。

---

① 德崇證券公司曾是垃圾債券的頂級承銷商，20 世紀 80 年代中期為惡意交易和槓桿收購提供垃圾債券融資，80 年代晚期企業違約比例增加開始經歷嚴重的流動性問題，信譽破壞、籌資困難等觸發交叉違約，被迫於 1990 年提出破產申請。

② 阿斯肯資本公司是 20 世紀 90 年代成立的一家對沖基金集團，建立了抵押支撐證券模型和投資策略，實施「市場中性」的投資組合，在聯邦儲備不斷提高利率過程中沒有降低槓桿，觸發了系列追加保證金通知，銀行以強行平倉的方式清算其抵押品頭寸。

③ 橙縣是美國加州南部的一個繁榮地區，橙縣投資聯盟採取槓桿的方式將資金投資到美國固定收益市場，在其「持有到期」的投資策略中忽略了資產和負債必須匹配以及擁有足夠的緩衝來應對現金通知這一前提，過高的頭寸和不利的市場環境導致了流動性風險。

④ 長期資本管理公司曾是國際上四大「對沖基金」之一，聚集了華爾街一批證券交易精英和學術巨人，完全相信其建立的自動投資模型，該模型是其成功的根基（在其經營的前兩年連續實現了 40%以上高額回報的驕人業績），也是其走向危機的根源（在俄羅斯金融風暴中模型失效造成巨額損失）。

⑤ 瑞士航空公司曾是歐洲第四大運輸公司，為了保持其地位管理層認為需要獲取其他航線和發展聯合，通過債務籌資的擴張計劃，在一些二流和三流的地區運輸上下注。在全球經濟放緩的背景下，各航空公司間激勵的價格折扣競爭帶來了很大的壓力，開始出現嚴重的現金流緊張問題。

⑥ 安然公司曾是世界上最大的綜合性天然氣和電力公司之一，經歷了偽造財務報表、內部交易等醜聞，於 2001 年宣告破產。

表 2-1 案例表現特徵

表現特徵	德崇證券公司	阿斯肯資本公司	橙縣	長期資本管理公司	美國通用人壽公司	瑞士航空公司	安然公司
缺乏充分的流動資產	沒有充分的流動資產來應對贖回和其他的債務	沒有充分的流動資產來應對債務（譬如手中只有5%的現金）	沒有充分的現金來應對債務和承受不斷增加的損失	缺乏充分的流動資產來應對贖回	沒有充分的流動資產來應對贖回	缺乏充分的流動資產來應對營業日常的需求	沒有充分地流動（或無負擔）資產來應對債務需求（或所要求的抵押）
非流動資產占比較高	風險過於集中在非流動的高收益資產	風險過度地集中在非流動性的抵押證券和債務證券資產上	—	風險很大的非流動資產，積累又過於集中於包括複雜的差額利率套權頭寸	—	—	—
缺乏籌資來源	缺乏其他應急的籌資來源	缺乏其他應急的籌資來源	缺乏多方面的籌資來源	—	缺乏備用的籌資來源來應對緊急調撥	缺乏備用的籌資來源來應對緊急調撥	缺乏備用的籌資來源來應對緊急調撥
大量短期籌資或貼現折扣現值扣很大的融資	使用了大量的短期籌資，可以很容易地被取消（如商業票據回購協議），和國庫券相對而言過度地依賴於非常大的貼現折扣面值而言的抵押品融資	投資組合資產不能有效地定價；過度地依賴帳面價值而對非常大的貼現折扣面值的回購協議融資	—	集中使用抵押方式，很容易被取消或者贖回的短期融資，以及不容易平倉或者轉移的資產負債表外積累	運用了大量的短期可選擇性支付的融資，有些要求的期限只有一個星期；籌資市場過度依賴於單一份額	沒有充分的無負擔資產在手以保證緊急的籌資要求；過度依賴兩個方的安排融資方案	使用大量的短期融資，很容易被撤回或者取消
缺乏健全的應急計劃	沒有健全的應急處理由於失去投資者的信任和因市場貶值所帶來的災難事件	沒有健全的應急計劃來處理由於利率和所帶來的災難事件	缺乏應急處理災難情況（如遇到提高的利率或者籌資工具的撤出）	缺乏應急計劃來處理災難情況（如資產的非流動性，被迫變賣資產）	缺乏應急計劃來處理災難情況，像連續的信用降級和很快失喪投資者的信任	缺乏積極進取的危機管理計劃	缺乏應急計劃來處理災難情況，像貸款方對於信心的降低問題

備註：上述內容根據柏里克·班克斯 (2005)《流動性風險：企業資產管理和籌資風險》整理

第二章　壽險公司流動性風險的行為經濟分析 | 21

缺乏充分的現金流來持續營運，往往會給公司經營帶來較大的風險。為什麼還有很多企業甘於冒險？我們對上述七個案例的組織行為進一步分析，發現兩個案例存在文化迷失（德崇證券公司、安然公司）、兩個案例存在過度投機（阿斯肯資本公司、長期資本管理公司）、一個案例存在舉債擴張（瑞士航空公司）、一個案例存在市場不利傳言（美國通用人壽公司），一個案例存在管理不當（橙縣）。也就是說，七個流動性管理不善的案例中，其中五個案例具有較強的行為動機，如表2-2所示。

表 2-2　　　　　　　　　　案例行為動機特徵

典型案例	行為動機	備註
德崇證券公司	垃圾債券的頂級承銷商	違反誠信責任，為惡意交易和槓桿收購提供垃圾債券融資
		舞弊銷售、內部交易、自我交易和利益衝突
安然公司	世界上最大的能源、商品和服務公司之一	詐欺行為，偽造財務報表，虛增利潤
		內部交易、利益衝突以及不道德行為
瑞士航空公司	歐洲第四大運輸公司	通過債務籌資的擴張計劃，在一些二流和三流的地區運輸上下註
		居高不下的成本和沉重的利息負擔
長期資本管理公司	過度投機	難以找到足夠的有利可圖的投資機會時，並沒有相應地減少風險頭寸
		「收斂交易」的投機策略，小概率事件發生，「收斂交易」以發散而告終
阿斯肯資本公司	過度投機	95%投資是複雜的抵押支撐證券，支撐作用的緩衝現金只占5%
		一系列追加保證金的通知，無流動資產來應對

備註：在收集到的資料中未發現美國通用人壽公司、橙縣存在明顯的行為動機，不代表不存在

我們以安然公司、長期資本管理公司、德崇證券公司為例,從經濟動機、社會動機、道德動機三個維度進行進一步的剖析。

一、安然公司:具有明顯的經濟動機、社會動機和道德動機

經濟動機:安然公司的核心文化就是盈利,鼓勵不惜一切代價追求利潤的冒險精神。從一個資產密集型的天然氣管道公司轉變成了一個輕資產的貿易商,業務領域擴張到那些被認為是可以在快速增長中獲得利益的領域,而缺乏現金流成為公司的一個永久性問題,由此也導致了詐欺活動。

社會動機:「按現實市場價格計算資產價值」和「特殊目的實體」(SPE),為遊走於法律邊緣的交易提供了可能。安然公司通過安插自己的主管,經營所謂的合夥企業,以致可以在相當長的一段時期內自導自演著這場高利潤增長的游戲。

道德動機:在安然公司的人才招聘「公開市場」制度中,任何人都可以申請他想做的工作,經理不容出面阻止,暗中挖角受到鼓勵,漠視組織和體制,違背常規成為公司的行事作風。再加上高盈利換取高報酬、高獎金、高回扣、高期權的企業文化,促使經理們有了很大的動力去涉險。

在安然公司破產前,也有對安然公司財務表現的質疑,比如康納爾大學商學院網站上公布的一份關於安然公司的報告顯示:安然公司採用的策略,跟競爭對手比起來風險高很多,而且有非常清楚的跡象顯示,安然可能在盈利數字上玩弄花招。為什麼監管機構、公眾還會被蒙蔽,或許這就是所謂「明星企業」光環下的有限理性。

二、長期資本管理公司：自戀公司的表現

經濟動機：在有利可圖的機會越來越少的情況下，長期資本管理公司開始轉移到一些缺乏相應的專門知識以及一些風險水準明顯很高的領域，同時也未相應減少風險頭寸，流動性越來越差。

個性偏好：對於其模型在所有市場中保持穩定的堅持。長期資本管理公司將金融市場歷史交易資料、已有的市場理論、學術研究報告和市場信息有機結合在一起，形成了一套較完整的電腦數學自動投資模型。或許是華爾街精英們的過度自信，從而忽視了「肥尾效應」這個概念，而歷史統計永遠不可能完全涵蓋未來現象，總有一天會發生出乎市場預料的事件。俄羅斯政府突然宣布推遲償還短期國債，成了歷史上著名的黑天鵝事件。或許是華爾街精英們的過度自傲，為了保持一直以來優異的市場業績，在高風險的情況下仍想搏一搏。

正如美國保險集團（AIG）金融產品部，沒有人比這些研究能力與創新能力堪稱一流的公司更懂得風險的含義，但在房地產市場「虛假繁榮」以及金融衍生品的「濫用」的環境下，仍選擇不計風險後果賣出上萬億美元價值的美國房地產市場抵押貸款債券場外看跌期權，當房地產市場開始下跌的時候無法對沖自己的風險。

三、德崇證券公司：貪婪公司的表現

經濟動機：為惡意交易和槓桿收購提供垃圾債券融資，從比較靈活和流動的證券公司逐漸變成了擁有非流動高收益資產的貸款方。在美國經濟低迷時期，企業違約比例增加，數十億美元的垃圾債券風險投資組

合只能按照50%的折扣籌資，開始經歷嚴重的流動性擠壓。

道德動機：肆無忌憚的企業文化鼓勵員工進行不道德和非法的交易，某一年度交易商和發起人米爾肯個人稅前薪資高於公司淨利潤。利用內部消息進行交易最終惹火上身，引發了監管部門的調查。

從上述三個流動性管理不善案例中，我們可以看出明顯的經濟動機慾望牽引著其一步一步走向困境，這一過程中又顯然出現了道德動機、社會動機。正如《魔鬼經濟學》一書中 W. C. 菲爾茲所言，值得擁有的東西就是值得為之欺騙作弊的東西，因此，自律和道德就十分必要了。

第三節　中國壽險公司流動性風險分析——基於行為經濟學視角

一、經濟動機下帶來的流動性風險隱患

眾所周知，保險公司通過先收取一定的保費，在未來合同約定的事項發生時進行給付的這種模式，可以從市場上獲取龐大的現金流，通過槓桿作用，實現資產的增長。從長期來看，以風險保障業務為主，規範經營實現承保利潤（「三差」）和投資利潤的經營模式是具有可持續的，是可以複製傳承的。然而，出於促進轉型升級、降低融資成本、分享保險紅利、增加企業利潤等因素，壽險業成為了很多投資者設立或參股設立保險機構的經濟動機。

我們對近十年來壽險市場的保費收入進行了初步的統計①，2008年至2017年外資壽險公司的保費市場占比僅有2.51%的增幅，中資壽險公司規模保費占比仍在百分九十以上，市場格局沒有明顯的變化；2008年至2017年中資壽險公司數量雖然增加了27家，但壽險公司中有8家公司十年來保費收入穩居市場前十，足以說明老牌壽險公司市場的穩固性。在中國壽險市場還是基於高費用投入、人海戰術獲取保費收入的增長模式下，差異化經營、多樣性發展尚未有實質性的進展，新公司的生存空間與發展之道難以在短時間內取得顯著的成效，老牌公司的承保利潤空間也無顯著突破。

而從短期來看，壽險業的經營模式可以低成本聚集資金，從而利用「廉價」的保險資金作為撬動投資的槓桿，在投資者對於利益的過度追求下，短期理財產品及違反保險經營原則的「噱頭」業務快速發展，資產驅動型壽險公司興起。經濟動機下產生的短期行為對投資和經營活動帶來巨大的影響，從而也脫離了保險經營的經濟補償和社會管理職能。由於對資產的過度慾望，使得其忽視了利益下隱藏的風險和經濟週期隱患。隨後的資產定價下跌、無資產可投的市場環境，使得表面上「低負債」的資金成本增高，保險負債業務槓桿加大，從而為流動性風險以及系列違規行為埋下了隱患。

如資產端，金融市場股市持續低迷，實體經濟回報率下行，收益高的優質資產越來越少，市場頻頻出現「資產荒」，負債端高成本與資產端低回報的不匹配給盈利空間帶來了巨大的壓力。或許基於華麗的財務報表，或許基於可觀的保險產品預期收益，或許是其他的動機，提升風

---

① 根據「中國保險監督管理委員會網站——人身險公司保費收入情況」數據整理。

險偏好、降低風險控制標準，從而為資金尋找出路。實質性投前調研缺失、明股實債、違背約定的投資範圍等違規操作為潛在的信用風險埋下了伏筆。雖然從理論上絕大多數投資機構都懂得信用風險的嚴重性，但在各種經濟動機和壓力下，有限的理性會選擇相信自己不會成為「中標者」，能在違約風潮前安全退出。在某種程度上，我們可以把這理解成基於生存的經濟動機下的市場行為。

又如個別壽險公司頻繁舉牌上市公司等行為帶來了整個金融行業的質疑。在無任何明星產品的前提下，對於資產的過度慾望，理財型產品高速擴張，「虛假的繁榮」背後隱藏的虛假資本金、極端的債務籌資以及惡意的投機行為等，在監管部門對於理財型業務管控後，即暴露出了嚴重的現金流缺口。

二、社會動機下隱藏的流動性風險危機

近年來，商業保險的發展得到了國家的高度重視，政府的大力支持，提倡商業保險作為醫療補充。商業保險作為朝陽行業，是高、快發展的行業。在此背景下，行業對商業保險在經濟補償、資金融通、社會管理三個職能方面的認知卻有所不同。從保險的本質來看，經濟補償是保險的基本職能，在此基礎上派生出資金融通、社會管理兩大補充職能。從宏觀導向來看，應是保險保障職能下的融資和社會管理職能，而不是脫離保險保障職能外的融資和社會管理職能。但從近些年的政府行為導向來看，政府職責尚未有效轉換，產品定價仍由政府主導，市場化的風險定價機制尚未形成，市場化進程相對緩慢，從而使得市場短期行為突出，脫離了保險保障的產品興起。

基於社會約束，保險保障功能占比弱化，脫離保險保障功能的融資產品快速發展，保費充當融資資金，從而給整個行業帶來了流動性風險隱患。從社會規範的角度，中短存續期產品的上市是經過監管部門的許可，當時資本市場（股市）整體較為樂觀，在成本上預計是可行的。一經問世即帶來了巨大的市場反響，隨後各家公司開始追隨，不遵從保險本質的產品成為市場的普遍現象。也就是說某種程度上，監管部門對產品亂象行為的默許，使得按市場規律行事（保險的保障功能）也就失去了社會規範的約束作用。

　　基於經驗判斷，行為人傾向於依據過去被監管部門檢查的經驗以及監管部門的態度為基礎，來判斷違規的風險。比如，監管制度本身是否存在缺陷從而導致監管真空，監管套利可行；監管部門本身的不作為，在市場行為背離商業基本運行規律時未予以及時約束。在壽險市場快速發展的背景下監管體系建設相對滯後，市場主體退出機制尚未形成，有進入無退出，政府對個體行為兜底，使得自我約束力降低，加大了市場主體的冒險行為。資產負債管理監督體系近年來才初步形成，資產端、負債端兩張皮現象長期存在，未得到有效重視，這在一定程度上加大了保險資產負債錯配的風險，給流動性帶來了風險隱患。同時，長期以來監管機構主要是針對分支機構市場行為的個案監督檢查，總公司層面的檢查和處罰的概率相對較低，處罰金額相對於違規獲取的即期利益來說九牛一毛，違規成本非常低。基於經驗的判斷，冒險行動的成本非常低，流動性管理技術違規的監管查處風險也非常小。

　　基於信息不對稱，行為人將資產負債表內業務轉為資產負債表外業務，從而使得一些不符合規定的事項很難被發現或者通過複雜的關聯交

易、帳務隱藏等手段，逃避監管部門的約束。信息不對稱使得違規行為不易被發現，在各類金融創新產品的推出，層層嵌套的背景下使得行為更加複雜化。長期以來，監管部門基於保險機構上報的數據進行信息收集，不論是數量上還是質量上都還存在較大的提升空間。同時，由於監管部門之間的信息不流通，一些異常的信息往往容易被忽視，從而使得一些不符合規定的事項很難不經過一定的推敲就被輕易發現。

三、道德動機加劇了流動性風險的爆發

由於整個行業治理體系尚不完善、職業經理人機制尚未形成、誠信體系建設相對滯後、政府管理手段未能跟上，從而導致對市場主體的約束力較低。在市場不完善的情況下，市場主體關注短期行為，忽視長遠打算，管理人員綜合水準較低，不誠信行為滋生。

在較為嚴格的產品定價費率管制下，市場經濟環境客觀形成了繞過費率管制進行違規競爭的負面效應，如「佣金返還」「高手續費、高返還」等惡性價格競爭現象，嚴重影響了整個行業的社會形象和規範發展。

在整個壽險市場仍以規模為導向的發展模式下，高額費用的投入給一線業務幹部和銷售人員帶來了可觀的收入紅利。然而，銷售誤導等市場行為亂象仍非常普遍，誠信經營水準尚有很大的提升空間，虛列費用、虛假佣金成為通用的做帳手法，從而滋生了一系列職務侵占、個人舞弊事件。伴隨著壽險市場高速增長的是部分從業人員的自我膨脹，在這種環境下道德標準逐步被降低。

個人的道德行為受到教育文化、心理路徑、社會規範、法律制度等因素的影響，道德行為也不是一成不變的。朱貽庭（2010）指出，面

臨生存威脅的企業的領導者，為了達到帶領企業衝出困境的目標，常常做英雄般的個人冒險，他們行為違法、坑蒙拐騙，無視真理的存在。高管的行為直接影響其企業文化，激進的企業文化會促使公司做出很多激進的行為，比如貪婪。截至 2017 年年底，中國銷售人身險的公司已達到 85 家，個別高管人員的道德遺失將會影響整個企業的行為。尤其在監管相對寬鬆的環境下，欺騙是不會被發現或不會受到懲罰的過於樂觀的非理性認識，更容易產生道德風險。

第三章　信心對壽險市場流動性的影響

造成流動性風險的因素很多，其中公眾的信心是重要因素之一。失去信心的可能是保單持有人、投資者、銀行或其他流動性提供者（以下簡稱銀行）、評級機構以及監管部門。壽險業保單持有人信心、銀行及投資者信心與流動性有著什麼樣的關係？如何提升保單持有人、銀行及投資者信心？本章將試圖回答以上問題。

第一節　流動性的根源：信心

由於人壽保險通過先收取一定的保費，在未來合同約定的事項發生時進行給付，這種生產週期倒置的特徵，使壽險業務本身存在著保險給付的不確定性，在一定程度上可以掩蓋公司早期經營不善的情況，尤其是當高級管理人員以激進或惡意的行為來稀釋損失時，如虛增資本、非法集資、新業務快速擴張、高估資產價格等，使得風險被隱藏，前期可能並不會表現出任何流動性問題直到損失實質化。同時，在中國當前壽

險業務高速發展的時期，即使在公司治理、流動性管控、內部控制等方面存在較大缺陷，也可以通過「借新債還舊債」的方式來延遲危機的爆發。

埃里克‧班克斯（2005）指出，雖然流動性問題的最初原因也許完全是內生的，但是促進生成旋渦運動的是外生因素和內生因素的混合，失去了利益相關人的信任和對危機反應的管理無能，二者都是重要的基本原因。凱文‧瓦什（Kevin Warsh，2007）強調產生市場流動性的根源，並將流動性高度凝練為「信心」。若流動性危機本質上是信心或預期問題的話，對壽險公司失去信心的可能是保單持有人、銀行、投資者、評級機構以及監管部門，直接體現在業務不再持續的顯著增長甚至出現負增長，銀行消減授信額度，投資者撤回資本，信用評級機構降低評級等。

從流動性的供給需求關係來講，保單持有人、銀行及投資者的行為影響著當期流動性的需求和供給，而評級機構、監管部門影響著保單持有人、銀行及投資者的行為傾向。當評級機構質疑或者懷疑保險公司的信用狀況時（如償付能力等），監管部門公布保險公司存在重大違規行為時（如虛增資本等），將加大公眾對公司的信任危機，企業可能會出現股票價格下降、短期融資困難等狀況，從而引發流動性問題。由於傳統信用評級對風險反應的滯後性，評級往往導致風險進一步擴大。在這裡，我們主要對保單持有人信心、銀行及投資者信心與流動性間的關係進行探討，不涉及評級機構、監管部門信心對流動性的影響。

第二節　保單持有人信心與流動性分析

保單持有人有狹義和廣義之分，狹義的保單持有人指現有的保單持有人，廣義的保單持有人既包括現有的保單持有人，又包括潛在的保單持有人。在本章中，保單持有人指廣義上的保單持有人。壽險公司保單持有人的行為影響著負債端口的保費現金流入和現金給付支出，他們可能不願意持有保單，或者行使保單選擇權進行退保或抵押貸款等，大量集中的退保、抵押貸款可能會帶來巨大的即期現金流壓力，當保費現金流入小於現金給付時，就會出現流動性缺口。

一、建立保險產品信心分析指標體系

保險是現代經濟的重要產業和公眾實施風險管理的基本手段，將在特定的社會文化環境中運行。黨的十九大報告指出，中國特色社會主義進入新時代，中國社會主要矛盾已經轉化為人民日益增長的美好生活需要和不平衡不充分發展之間的矛盾。隨著社會的發展，公眾的價值觀、倫理觀以及消費觀均發生了廣泛的變化。當前公眾對保險產品的需求除了風險轉移外，還有對財富管理的期望。風險保障和財富管理是兩種不同層次的需求，在不同的宏觀環境下保單持有人行使保單選擇權的驅動是不一樣的。因此，我們將保險產品信心指數分為風險保障類產品信心指數、投資類產品信心指數。

風險保障類產品信心指數：基於當前中國保險業尚處於快速發展階

段，保險密度、保險深度與美國等較為成熟的保險市場相比還有較大的差距，公眾對保障類產品（如健康險）還有較大的需求空間。公眾對整個保險行業的信心表現為新增客戶和存量客戶兩個方面，我們可以考慮以下指標，如新增保單持有人的增長數量情況、保單持有人的人均風險保額增長情況、保單持有人的人均保單份額增長情況等。

投資類產品信心指數：本章中投資類產品是指投連險、分紅險、萬能險中的投資部分等。居民儲蓄在保險、銀行、證券、基金等理財產品的配置比例及變化情況，在一定程度上可以反應出公眾對保險投資類產品的信心，也就是保險投資類產品保費收入占居民儲蓄的比重。

公眾對某一家保險公司信心的下降則表現為不願意持有該公司的保單，最為顯著的情況為保單持有人更換保險公司。就單一公司分析而言，除了上述分析指標外，還可以考慮某一公司的保費增長速度與市場保費的平均增長速度、退保率與市場平均退保率的波動幅度，以及滿期產品的轉保率等指標。

二、保單持有人信心與流動性分析

保單持有人對宏觀環境的信心、對保險公司風險保障的信心、對保險公司投資收益的信心、對保險公司本身經營能力的信心，均會對保單持有人的行為即保險產品的需求以及保單選擇權的行使帶來影響。在思考保單持有人行為如何影響當期流動性時，不僅要考慮保險行業自身因素，還要考慮宏觀經濟環境等其他因素的影響，有必要進行多角度關聯性分析。

在以歷史經驗數據為基礎進行流動性分析和現金流測試時，在不同

經濟時期、不同的保單持有人信心指數下，應賦予不同的指標參數值。通常在經濟下行初期，具有儲蓄性質的壽險業務更易成為民間遊資的避風港，規模保費呈增長的趨勢；若經濟前景長期悲觀，保費的增長速度就會放緩，保單持有人行使保單選擇權的概率增加。在經濟上行期尤其是資本市場繁榮期，保單持有人通過其他投資渠道獲取比保險產品更高、更樂觀的收益時，退保率和貸款比例就會上升，面臨比預期更大的現金流出，對即期現金流帶來較大的影響。

在進行流動性分析時，還需考慮一些特殊情形以及意料之外的情形。

在經濟形勢並未出現極端的長期低迷、資本市場未出現異常繁榮的情況下，保單持有人的整體風險偏好分佈不會有較大的變化。基於保單持有人對於風險保障的客觀需求，因某種原因行使保單選擇權時多數會考慮保單貸款。若某類風險保障類產品或某家公司的風險保障類產品退保率顯著上升時，就應引起監管當局的關注，是否存在意料之外的情形以及該情形是否會對流動性帶來潛在的影響。

在未出現嚴重的通貨膨脹的情形下，風險保障類產品的人均保額增長速度與人均保費增長速度是相對匹配的，若兩者出現較大的差距，就應引起監管當局的關注，是否存在意料之外的情形以及該情形是否會對流動性帶來潛在的影響。

風險保障類產品保費、投資類產品保費占總保費的比重一定程度上體現了保單持有人在風險保障、財富增值方面的預期，產品結構的不同對流動性的影響也是不一樣的，在進行流動性分析時需考慮上述情形的影響，尤其是投資類產品占比過高的公司。

三、關於增強保單持有人信心的幾點建議

宏觀環境的變化是客觀存在且難以改變的，而保險產品的信心指數在一定程度上是可以通過主觀能動行為去優化。較低的信心指數會使得影響程度更惡化，反之較好的信心指數會降低影響程度。為降低宏觀環境變化對流動性的影響，提升保險產品信心指數至關重要。正如《信任：企業和個人成功的基礎》所述，沒有信任，客戶忠誠度會下降，再次做交易的可能性非常小。這裡我們提出幾點關於提升保險產品信心指數的建議。

提升保險行業整體形象在公眾中的滿意度。在中國壽險市場銷售隊伍規模增長較快的背景下，銷售人員尤其是個人代理人入職門檻較低、綜合素質參差不齊，加上公眾對保險的認知還相對滯後，銷售誤導仍為壽險市場比較普遍的現象。因此加強保險行業誠信建設以及對公眾進行保險知識普及應是一個長期性、系統性的工程。需要在公眾保險知識的普及和教育、保險從業者尤其是保險代理人綜合素質的提升、保險公司業務從重規模到重質量、重服務的轉變等方面加大力度，以及監管部門強監管等多方面共同推動，提升保險消費者對保險業的信任度。同時，保險仲介市場作為保險業的核心支撐部分，加快保險仲介市場的專業化發展，以及專業代理人、保險經紀人市場的成熟度，對於整個保險行業的發展起著重要的推動作用。

提升保險產品在公眾需求方面的滿意度，體現在保障和投資兩個方面。根據中國國情，優化產品結構，突出保險的保障功能。根據人口老齡化、大健康發展的需求，鼓勵壽險公司推出適應的保險產品；在醫養

結合戰略下，隨著現代醫療技術的發展，適時推出針對特殊群體的保險保障類產品，滿足各類人群對保險保障的需求，鞏固、提升保險在公眾養老、健康等領域的地位和作用。優化內部管理，以科學技術為支撐，提升保險公司的營運效率和風險管控能力，行銷模式從傳統的費用投入向提升綜合服務轉變，降低保單價格，給公眾提供更便利、更實惠、更高價值的保險產品和服務。堅持「保險業姓保」的基本原則下，合理進行資產配置，提高保險資金運用收益率，提升保險產品在整個金融產品體系中的競爭力，增強公眾對保險行業的發展預期。

第三節　銀行及投資者信心與流動性分析

通常在遇到銀行及投資者信心下降時，籌資端和資產端就有可能會出現流動性風險。銀行及投資者可能很難進一步提供資金，籌資成本高企或異常困難，又或者資產難以及時在市場上以合理的價格售賣，帶來巨大的流動性壓力。

一、銀行及投資者信心下降的影響因素

與保單持有人信心不同的是，銀行及投資者信心的下降是非常突然的，一旦出現市場信心問題，市場就如「加速器」加快風險的暴露。在市場信心下降前，內部管理可能已經出現問題或者在很長一段時間內已經存在問題，但是並不是每一家出現問題的公司均會喪失市場對它的信心。而一旦出現信任危機，銀行等具有流動性供給的機構以悲觀的前景

预期未来，因而不願意向其提供流動性；保險公司流動性緊張，籌資成本劇增，在最極端的情況下市場上有錢但借不到錢，破產就在瞬息之間了。在不考慮一些小型機構經營管理失敗的因素下，機構信心下降主要表現在資產業務出現嚴重信用風險，以及突發的聲譽事件帶來的信任危機等方面，而危機出現後缺乏健全的應急計劃來處理災難情況是導致最終走向破產的最根本原因。

交易對手方違約，資產業務出現巨大的信用風險。從近些年一些危機事件來看，資產端、資產表外業務對流動性的影響越來越大，尤其是各種創新性資產證券化產品使得風險更加隱蔽，直到問題實質化，後果也更加嚴重，導致系統性風險的可能性更大。美國次貸危機就是市場流動性不足的典型案例，主要表現為連續的不利消息使得投資者信心下降，由於信用危機金融機構無法從市場獲得足夠流動性以滿足其資金需求。

突發的聲譽事件帶來的信任危機。突發的聲譽事件將會引起利益相關方的關注，評級機構的行為使得危機加速。美國通用人壽公司持有單一短期籌資市場的過度份額，由於市場的不良傳言，連續的信用降級很快喪失了投資者的信任，融資對象迅速收回其短期債務，投資者提出撤資要求，僅用了十天一家等級穩固的保險公司就無充分的現金來償還金融債務。

缺乏健全的應急計劃來處理災難情況。缺乏積極進取的危機管理計劃來處理災難情況，通常是導致流動性風險實質化的一個重要因素，比如缺乏應急計劃來處理像連續的信用降級和很快喪失銀行及投資者信任的災難情況，缺乏應急計劃來處理資產的非流動性、被迫變賣資產的災

難情況，缺乏應急計劃來處理籌資工具撤出的災難情況等。

二、關於提升銀行及投資者等利益相關者信心的幾點建議

加強對資產流動性、籌資流動性、資產負債表外流動性的控制。包括對流動資產和固定資產的限制、抵押品和抵押的限制、各種籌資的限制、承諾工具的限制、現金流缺口的限制、遠期承諾以及或有負債的限制等。重點關注槓桿率、流動性覆蓋比率、淨穩定資金比例、資產抵押比例等監測指標，強化保險公司資產負債配置，防範系統性的資產流動性、籌資流動性風險。

加強與流動性提供方、投資者等外部關係的建設。讓利益相關方相信企業能夠控制現金流缺口從而不會演變為流動性風險，取得其信任，增強獲得籌資來源的能力，使得銀行、投資者的支持額度在（潛在）危機中不會全部消失或者打折額度較小。當然，也應與評級機構、媒體等第三方機構保持建設性的關係，使其相信企業是不存在違約風險的，以及在面對風險事件時是積極處理的。

加強對信用風險的監控和管理。對於一些重要性機構來說，即使建立了應急計劃，在危機關口也及時實施了應急計劃，仍有可能出現現金流缺口大到難以彌補的情況。近年來，中國債券市場違約及負面信用事件頻繁暴露，雖然尚未對保險業產生實質性的影響，但保險資金近三分之一用於另類投資，明股實債等現象客觀存在，信用風險對保險市場的風險傳染應引起警惕。

同時，由於保險業務經營的特性，資產負債匹配並非絕對匹配，而是相對最優。金融市場流動性不足也會帶來較大的影響，最為突出的就

是融資成本的增加。需加強對宏觀經濟環境以及市場流動性的分析，對壽險行業的流動性供給和流動性需求進行研判，提前做好資產負債配置調整計劃，尋求成本相對最優的籌資來源。

第四節　影響公眾信心的其他因素分析

一、防範保險公司破產對信心的影響

保險公司破產或被接管將會影響公眾對保險公司的信心，可能會造成對某一家保險公司信心的喪失，處理不當時也許會給整個保險市場的信心造成影響和衝擊。20世紀八九十年代日本經濟衰退，公眾對保險業產生信任危機引發高額退保，保險公司破產加劇人們的懷疑態度引發羊群效應，最終導致系統性危機爆發即為典型的案例。

市場化機制下保險公司數量將會是持續增長而後下降到一個相對穩定的狀態，在這過程中必然會發生保險公司破產或被接管的情況。低利率環境將會加劇市場的競爭，在一段時期內會削弱保險公司利潤，使保險公司破產或被接管的可能性增加。雖然中國尚未有保險公司破產（有被接管），但已有中華聯合、新華保險、安邦保險三家公司通過保險保障基金化解風險的案例。突發的破產或被接管消息是否會對公眾的認知產生衝擊，是否會引發公眾對保險業信任度的下降，需要我們進一步分析和探討。尤其是在中國保險業還未有完善的破產法制建設的情況下，保單持有人權益保護問題無疑至關重要。因此，在當前的環境下，需建立健全保險公司退出機制；同時也需建立起相應機制對是否可能會發生

保險公司破產或被接管的情況進行甄別，預防保險公司破產（被接管）或因保險公司破產（被接管）處理不當給行業帶來信任危機。

二、防範保險業發展中的管理不善對信心的影響

近年來，信息安全事件頻發，Facebook 大量用戶信息被非法竊取用來進行大數據分析；美國知名高端百貨商店客戶信息數據庫遭到黑客攻擊，大量顧客的信用卡和借記卡信息可能被竊取。在保險行業，曾有美國第二大醫療保險服務商 Anthem 受到黑客攻擊，超過 8000 萬個人信息被盜；美國醫療保險業者藍盾藍十字協會旗下 Excellus BlueCross BlueShield 的網絡遭遇嚴重攻擊，致使超過 1000 萬人的信息洩露。客戶信息洩露，不僅會使公司股價下跌，同時還面臨著來自公眾的責問，引發客戶的信任風險。

數字化和大數據作為保險業務競爭和發展的核心要素，成為科技驅動保險業務增長的主要模式。保險公司掌握了大量的客戶基本信息、關聯關係信息、用戶價值信息、醫療信息、風險信息等，廣泛的數字化應用以及移動設備、雲支付的使用，使得網絡安全風險與日俱增，「補天」「烏雲」「漏洞盒子」都曾報出保險企業的一些信息安全漏洞。而一旦漏洞被黑客攻擊或被第三方惡意使用，客戶個人信息的洩露引發公眾對保險業或者事件保險公司信任度下降。這一問題及信任度程度變化需要我們進一步分析和探討。在當前的環境下，需加強科技變革中的網絡安全風險管控，加大對信息安全的建設和資源投入，高度重視風險事件下的應急計劃處理機制建設，預防信息安全事件發生或信息安全事件發生時處理不當給行業帶來信任危機。

三、防範歷史問題處理不當帶來社會輿論對信心的影響

在中國保險業快速發展的過程中，內控管理的不完善產生了一些歷史性問題，而有些更是涉及客戶權益，如早期銷售的保單中由於客戶信息的不完整、系統錄入的不完善、承保保全操作不規範等原因，產生了生存金滯留在保險公司無人領取的現象。2013 年《現代快報》就發布了一篇標題為《江蘇上億元生存金無人認領》的報導，若推斷到全國，整個保險行業的數據是龐大的。由於保險條款的複雜性，普通公眾對保險的運作原理的理解是有限的，若有媒體進行片面性的報導，相對而言較容易使公眾傾向於誤導性的認知，這將會給壽險行業帶來較大的聲譽風險，從而影響公眾對保險業的信心。因此，需加強對歷史問題的梳理，讓公眾知道保險公司已為保護公眾權益積極採取了行動，防範社會輿論處理不當給行業帶來信任危機。

第四章　壽險業流動性風險管理體系建設

　　流動性風險的影響因素如此複雜，如何對流動性風險進行管理？本章試圖從頂層設計層面，以微觀流動性風險管理、流動性風險緊急救助、宏觀審慎性監管三個維度為核心，搭建中國壽險行業的流動性風險管理的體系化框架。通過微觀上的風險管控、緊急時刻的救助以及宏觀上的管理舉措形成了一套有機的風險管理體系。

第一節　壽險業流動性風險管理概述

　　流動性風險管理的本質就是及時以合理成本獲得充足資金以支付到期債務或履行其他支付義務，避免違約風險的發生。微觀流動性風險管理、流動性風險緊急救助以及宏觀審慎性監管三道防線構成了流動性風險管理體系。微觀流動性風險管理為抵禦流動性風險的第一道防線，通過流動性風險測度、日常流動性管理和應急計劃等，應對個體或局部的流動性風險。流動性緊急救助，通過緊急救援目的在於避免個別公司危

機演變為局部危機，局部危機演變為系統性危機，最終是要防止對整個壽險業穩定性的衝擊。對於系統性風險，如經濟週期、金融危機、重大災難（瘟疫）等宏觀環境對壽險業流動性的衝擊，更需要從宏觀審慎性監管方面，結合外部環境的研判，通過內在機制加以管理，從而預防、降低系統性流動性風險的發生，而監管政策的失誤也會加劇流動性風險發生的可能性。

一、流動性風險管理第一道防線：微觀流動性風險管理

從時間要素來看，流動性關注短期內是否具有清償能力，即現金覆蓋率，強調「在需要錢的時候有錢」；從成本要素來看，以合理成本獲得充足資金；從數量要素來看，資金總量應足以覆蓋到期債務。對於微觀主體來說，並不是現金類資產越多越好，流動性過少可能會導致無法支付到期債務，流動性過多又會導致機會成本的增加。因此，要在流動性、收益性和安全性方面取得相對平衡。

從流動性風險產生的原因來看，主要是表現在以下幾個方面：一是技術性因素，即流動性風險測度模型、日常流動性管理技術存在缺陷，系統未能及時反應現金流缺口或者是系統自動觸發交易（或烏龍指）使得現金流缺口增大，以致不能及時從市場中籌集資金導致違約發生。二是流動性風險管理因素，如資產負債嚴重錯配、融資渠道單一且集中於短期融資（過度依賴於滾動融資）、資產質量較差、無變現障礙資產的占比較低、壓力測試及應急計劃缺乏有效性等。三是其他風險的傳遞，如保險風險、信用風險、市場風險、操作風險、戰略風險、聲譽風險等問題引發的流動性風險。

從現金流的角度，可以分為經營活動現金流、籌資活動現金流、投資活動現金流三個維度。經營活動現金流，即負債端現金流入（保費）與現金流出（保險給付、保單貸款、退保、經營費用成本等）間的差額。籌資活動現金流，即潛在的融資能力，比如聲譽出現問題、評級下降、對手方信用風險傳遞、市場流動性緊張（不足）引發短期拆借利率飆升等。投資活動現金流，即金融資產的流動性（金融資產迅速變現的能力），資產方流動性不足在於資產組合期限過長、資產質量較差，尤其是在遇到市場流動性緊張（不足）等情況下資產的變現能力降低。

二、流動性風險管理第二道防線：流動性緊急救助

流動性緊急救助，目的在於避免個別公司危機演變為局部危機，局部危機演變為系統性危機，是要防止對整個保險業穩定性的衝擊。同時，由於流動性衝擊還有可能會影響到償付能力，尤其是在突發流動性衝擊下不得不通過降價出售資產獲取現金流的時候，公司自身價值的降低從而使償付能力受到影響。因此，流動性風險緊急救助對於一家公司的生存以及整個系統的穩定都非常重要。

2017 年 11 月，第十屆中國保險文化與品牌創新論壇提出通過探索實施流動性救助方式，即動用保險保障基金，以提供借款、購買保險公司債券等方式，對出現流動性問題的保險公司進行救助，進而前移風險處置關口。當保險公司出現流動性困難時，是全部都進行救助，還是要區別對待，保險保障基金通過何種方式進行救助等目前尚無相關制度規定。

三、流動性風險管理第三道防線：宏觀審慎性流動性風險管理

Morris 和 Shin（2009）指出，單個金融機構微觀審慎監管的目標並不一定能夠實現金融體系的穩定，相反還會給整個金融體系帶來前所未有的壓力。以次債危機為例，市場的恐慌、流動性風險的擴散與傳染，以及強化流動性的微觀監管，造成金融機構囤積流動性，從而進一步加劇了流動性緊縮。同時，次債危機也凸顯了微觀審慎監管在面對系統性風險時的無力。

若沒有宏觀審慎性監管為支撐，在面對流動性困境的時候，微觀個體出於自利的考慮，很可能會產生集體謬誤的行為從而引發多米諾骨牌效應，導致系統性的流動性危機。以資產端的信用風險傳導，引發重要性機構出現流動性危機為例：負面消息的報導將引起評級機構的關注，評級機構降低評級；評級機構降低評級引發投資者的關注，資產價格（股票價格）受到震動，銀行等提供融資流動性的機構會要求增加抵押品或降低對其的授信額度；一旦重要性機構（大型壽險公司）通過變賣資產緩解現金流缺口時，大量資產的甩賣將會造成資產市場價格的下跌。融資困難、資產價格大幅下跌，系列連鎖反應使得現金流缺口在短時間內呈指數型上升，加劇了市場的恐慌。在危機中，人們會擔心既然重要性機構在此時都是如此不堪一擊，那麼其他保險公司是否也同樣受到信用風險的衝擊，這就將在一定程度上影響整個保險業的資產流動性和融資流動性，甚至會影響到保單持有人行使保單選擇權。

在當前對壽險公司的監管中，監管當局還主要是對單個保險公司流動性風險的監督。基於微觀流動性風險管理在面臨系統性問題時無能為

力，甚至可能在外部衝擊下個體行為強化了危機的擴散和程度。因而需微觀管理與宏觀管理相結合，加強對系統性風險的關注，通過對整個宏觀經濟環境、金融體系、保險行業的全面預判，在宏觀層面上對流動性風險進行管理。

微觀流動性風險管理、流動性的緊急救助、宏觀審慎性監管作為流動性的風險管理體系框架。微觀流動性風險管理降低單個保險公司出現流動性風險的可能，流動性的緊急救助對出現流動性困難的保險公司提供支持，宏觀審慎性監管從一個長期的角度評估風險並通過系統化的管理措施為保險業穩定發展提供平臺，三者是微觀和宏觀的有機結合體，共同防範和降低保險公司以及整個保險業的流動性風險。

第二節　微觀流動性風險本質與流動性風險管理

一、壽險公司流動性風險的發展演變

由於人壽保險通過先收取一定的保費，在未來合同約定的事項發生時進行給付，這種生產週期倒置的特徵，使壽險業務本身存在著保險給付的不確定性，同時資產負債是相對合理的配置而非絕對的匹配，客觀上是存在現金流缺口的。流動性風險本質上是即期現金流的問題，只要能通過其他渠道及時以合理成本籌集到資金，並非所有的現金流缺口都會引發流動性風險。那麼現金流缺口如何演變成流動性風險？我們進行了以下幾種假設：

流動性風險的實質是利益相關者行為變化所引發的預期現金流的波

動，即保單持有人、銀行及其他流動性提供者（以下簡稱銀行）、投資者、評級機構、監管部門等機構信心的變動。引發流動性風險的因素既有內生因素，也有外生因素。內生因素是指由於公司經營管理不善、資產負債嚴重不匹配、流動性管理技術性缺陷等內部管理問題導致流動性風險，外生因素主要是指市場流動性不足。

假設1：無外生風險，由內生因素導致即期現金流缺口，但未引起利益相關者行為的變化，通常是可以通過現有或潛在的籌資渠道及時獲取現金流，解決當前的缺口問題。

假設2：無外生風險，由內生因素導致即期現金流缺口，並引發了「保單持有人」行為的變化，若銀行或投資者願意提供資金，通常現金流缺口不會轉變為流動性風險。銀行或投資者是否願意提供資金，需要考慮即期現金流的需求規模，以及是否引發了授信等級和額度的變化（如評級機構是否會調整評級從而導致銀行收緊授信額度）兩個方面。該情況下需要盡快恢復保單持有人信心，控制突發事件引發的現金流缺口規模總量，降低對評級機構行為影響的可能性。

假設3：無外生風險，由內生因素導致即期現金流缺口，並引發了「銀行或投資者」行為的變化。由於銀行或投資者具有「群體性行為」的特性，籌資渠道和來源突然收緊，有效的應急計劃就非常重要。不論是通過股權變動注入資本金，還是通過其他方式獲取籌資來源使觀望者恢復信心，關鍵在於速度。而對於重要性機構來說，由於與「銀行或投資者」複雜的業務往來和利益關係，關鍵在於現金流缺口的規模總量是否已超出了「銀行或投資者」所能接受的範圍。

假設4：存在外生風險（市場流動性緊張），籌資成本增加，如短

期拆借利率上升、可獲取資金的渠道減少等。外生風險的傳染性使得流動性風險更加敏感，在週期性的市場流動性緊張的情況下（不足以引起市場恐慌），與「銀行或投資者」間的建設性關係，以及公司自身的內生風險狀況，在現金流缺口問題演變成流動性風險的過程中起著決定性的作用。而在突發因素引起外生風險的情況下，更容易引起市場的恐慌，關鍵在於是否有足夠的準備度過市場恐慌到市場恢復信心這一階段，現金流壓力測試和應急計劃的有效性就非常的重要。

上述分析中，我們可以看出從現金流缺口到流動性風險演變的本質在於內外部因素變化下缺口的規模總量，以及利益相關者信心恢復的能力和速度。其中缺口的規模總量，會影響利益相關者信心恢復的能力和速度；而喪失利益相關者的信心，又會使缺口的規模總量進一步擴大。因此，各種變化下現金流壓力測試的缺口規模總量就非常關鍵。

二、如何降低流動性風險規模效應

建立有效的流動性風險管理機制，充分的應急計劃，以及有效的現金流壓力測試是微觀流動性風險管理的基礎。本章主要探討通過現金流缺口管理，以降低流動性風險規模效應。

（一）資產負債的多樣性：緩釋流動性風險的規模效應

資產、負債的多樣性可以在一定程度上緩釋流動性風險的規模效應。在風險分析上，可以關注以下指標：

1. 負債波動性顯著增加以及與市場平均發展趨勢的偏離度，結合產品結構、產品集中度、存量產品規模和占比、保全支付類項目（滿期給付、退保、保單貸款等）操作時效等進行綜合分析[1]，防止大規模給

---

[1] 是否存在通過延遲付費類項目支付暫時性隱藏現金支付壓力。

付帶來的流動性壓力。

2. 資產快速增長及與市場平均發展速度的偏離度，結合資產集中度、資產質量、在某一領域的投資占比等指標進行綜合分析，防止重大投資損失、對手方的傳染因素帶來的流動性壓力。

3. 融資成本上升及融資類型集中度等分析，防止融資渠道單一集中或過於依賴短期融資帶來的流動性壓力。

(二) 現金流缺口管理的回應速度：降低各風險間的交叉影響

在不考慮因技術性因素導致流動性問題的情況下，流動性風險更廣泛地為繼發性風險。宏觀環境、監管環境的變化，以及保險風險、信用風險、市場風險、操作風險、戰略風險、聲譽風險等風險的傳遞，都有可能對即期現金流產生影響。而風險間的交叉影響又會促使恐慌情緒的產生和蔓延，通常會使得現金流缺口規模進一步擴大，更為嚴重的是呈指數型上升。因此，現金流缺口管理的回應速度，以及降低各風險間的交叉影響就非常重要。

1. 在其他風險發生時，運用有效的措施進行輿情管理，阻止負面輿論消息的擴散，以及長期保持與銀行、投資者間的建設性關係，防止流動性風險的發生。

2. 建立有效的流動性風險管理機制、流動性風險應急計劃，迅速填補流動性缺口，及時恢複利益相關者的信心。

3. 研究分析宏觀環境、監管環境的變化，以及保險風險、信用風險、市場風險、操作風險、戰略風險、聲譽風險等對流動性的影響及程度，適時調整資產負債久期和籌資計劃等，預防現金流缺口的發生。

(三) 系統管理的有效性：防範流動性風險管理技術缺陷

隨著信息化技術的發展，風險管理越發依賴於風險管理模型與軟

件。通常情況下，風險管理信息化技術提升了管理時效，減少了人工差錯率。但是模型漏洞和技術缺陷，卻加大和加深了流動性危機發生的可能性和危害程度。因此，有必要加強風險管理模型與軟件的穿透式測試及其頻率，防止技術性因素對流動性的影響。

第三節　流動性風險緊急救助三大管理機制

在流動性風險緊急救助方面，有研究提出應對保險公司進行區分，陷入流動性困境的保險公司是資不抵債沒有償付能力了，還是由於某種原因出現暫時的流動性困難。在具體實施中，尚且不考慮保險公司本身是否存在信息披露不真實的情況，流動性風險突發性、繼發性、傳染性的特徵以及流動性風險處置的緊急性，很難在短時間內準確判斷陷入流動性困難的機構是否具有清償能力，尤其是當出現市場恐慌時。因此，我們建議通過建立流動性風險緊急救助的實施機制、流動性風險緊急救助的懲罰機制以及完善的保險保障基金管理機制等，來促進流動性風險緊急救助作用的有效發揮。

一、建立流動性風險緊急救助的實施機制

由於影響保險公司流動性風險的因素十分複雜，有業務層面的操作風險、投資風險、承保風險，也有公司層面的治理和戰略風險，還有來自宏觀經濟、金融市場以及行業層面的外部風險等因素影響。因此，流動性風險並不具有統一性和一致性，在特定的環境下風險的大小和影響

力也是不一樣的。在實施流動性緊急救助時可以考慮以下因素：

（1）外部環境，如在消極的環境下悲觀因素會越發凸顯，即使是個別中小機構流動性危機也有可能產生市場恐慌情緒而導致連鎖的負面效應；又如由於流動性風險具有繼發性的特徵，通常會伴隨著信用風險等其他風險，當存在市場流動性緊張時局部問題引發系統性風險的可能性也會增大。

（2）影響力，集團性公司會對其非保險領域進行風險傳染使得風險覆蓋面進一步擴大。大型保險公司倒閉時，可能會引起人們對整個保險行業的信任危機。由於流動性還具有傳染性的特徵，還需考慮是否存在使與之有業務關聯的領域受到衝擊的可能性。

（3）風險來源，外生風險如市場資金緊張、某一投資領域的系統性風險傳染（如房地產領域）等，將會對同一類型的機構（如新成立公司、中小型公司等）帶來影響。

除此之外，為出現流動性困境的保險公司提供救助必須及時，要讓公眾知道從而有效遏制市場恐慌情緒的蔓延。

二、建立流動性風險緊急救助的懲罰機制

很多學者在研究流動性風險緊急救助時，都提到了「道德風險」。1990年，美聯儲紐約分行總裁 Corrigan 提出使用「建設性模糊」方法，控制道德風險，事先故意模糊履行其職責的可能性，避免關於是否、何時、在何種條件下提供支援的任何預先承諾。由於銀行不確定自己是否是援助的對象，形成了對銀行的一種壓力，使其謹慎行動。

同理，保險保障基金救助也會面臨同樣的困惑。因為有保險保障基

金為公司的風險進行最後的兜底，使得保險公司的股東、經營者為了追求更高的收益而承擔更高的經營風險。無論是實施「建設性模糊」策略，以降低保險公司對緊急救助的依賴性，還是基於目前保險業轉型發展期提供全面救助，都應該是有懲罰性的，當然在戰爭、瘟疫等特殊環境下除外。通過實施懲罰性措施，就是要讓股東和經營管理層知道即使最後有保險保障基金進行救助，還是要付出代價的，是有成本的，從而降低道德風險。比如，通過貸款救助，被救助的公司承擔的利率要高於當時市場的平均利率；通過收購、兼併和重組等方式進行救助，股東將失去資本，管理層可能會失去工作。同時，監管部門也有必要對請求流動性緊急救助的公司進行事後調查，當存在股東、經營管理者惡意違規經營行為時，對相關人員進行懲戒性處罰，比如失去從業管理資格等。

三、建立完善的保險保障基金管理機制

隨著保險集團公司的發展，業務更加趨於複雜化，保險保障基金在提供流動性緊急救助時也會面臨一些新的挑戰。

（1）由於目前保險保障基金主要由保險公司繳納，數量較少、標準低且來源單一，保險保障基金所能夠支配的資源相對有限，尤其是在可能會面臨系統性風險時。

（2）業務領域的多樣化、複雜化使得救助範圍擴大，增加了保險保障基金面臨的風險。若統一標準提高保險保障基金比率，在一定程度上會增加保險公司的經營成本，對於風險管理較好的保險公司有失公平。

因而，在保險保障基金管理上，可從以下幾個方面進行思考：

（1）保險保障基金實行差別比率，如按照產品類型對於短期返還

型產品占比高的實行較高的比率；按照融資類型對於短期滾動融資占比較高的實行較高的比率；按照投資類型對於信用風險集中度較高的實行較高的比率等。

（2）建立類似於巨災基金的特別保險保障基金，由政府和保險公司共同承擔，以應對出現或極有可能演變成系統性的流動性風險，對於國有大型保險集團公司，也可以實行政府特別救助等。

（3）保險保障基金應和其他機構如中央銀行建立起相應的協同配合機制，降低保險保障基金在獨自應對系統性問題時的壓力，尤其是當涉及保險、銀行、證券等領域的集團性公司出現流動性困境時。

第四節　流動性風險因素分析與宏觀審慎性管理

宏觀審慎性監管著眼於保險業整體，基於對保險市場、資本市場、宏觀經濟和潛在失衡問題的發展預期分析的基礎上，關注整個系統的共同風險以及風險間的相互關聯，降低系統性危機發生的可能性。

一、影響流動性的潛在風險因素分析

（一）科技創新對流動性的影響

科技發展對流動性的影響，主要是指科技創新對產品開發的影響，產品開發市場跟隨者可能面臨著較大的流動性風險。

（1）壽險業現有數據的質量雖然還不足以支撐大數據時代所需要的關於保險產品設計、定價、行銷等環節的創新發展，但是大型壽險公

司在大數據領域的佈局和資源投入足以說明技術從量變到質變的轉型只是一個時間的問題。科技的創新能夠大大降低客戶購買成本，若先行者以此為行銷手段並大肆宣傳，同時價格優勢足以對保單持有人的行為產生較大衝擊時，科技創新滯後的公司將面臨較大的保單持有人行使選擇權的風險，從而將對即期現金流帶來一定的影響。即使後者隨即回應市場調整定價，也會由於風險分析和理賠管理技術的落後，給公司帶來嚴重的經營風險。

（2）若生物醫學技術的發展和進步，足以使得更多的疾病通過臨床診斷被提前發現和治療的話，健康險和醫療險的賠付成本將面臨一個質的變化。前期銷售的所謂「保障續保」類短期醫療險若停售的話，將可能面臨著較大的道德質疑和社會輿論壓力。賠付率的大幅上升將會給傳統的中小型壽險公司帶來較大的現金流壓力。因此，在壽險業轉型的過程中，更應該注重產品開發、產品結構、行銷等環節的系統性戰略佈局，尤其是中小型壽險公司更應在應對即期現金流的變化方面做好充分準備。

（二）保費增長對流動性的影響

雖然單個保險公司保費增長也許是可持續的，但從整個壽險行業來說保費的增長與經濟環境、居民可支配收入、保障需求等息息相關，從週期理論來說保費的增長可能是不可持續的。中國壽險業尚處在高速發展時期，居民對保障類產品還有較大的需求空間，同時隨著可支配收入的增長、居民財富的累積，保險也成為居民財富管理的一個重要途徑。但在當前壽險行業轉型時期，從期限較短產品占比較高到長期險占比優化的過程中，有必要關注保單持有人對保險產品在保障支持和財富管理

方面的信心變化發展趨勢，以及其對新單保費增長的影響，從而對即期現金流提前做好預測。

(三) 監管政策對流動性的影響

在考慮宏觀審慎性問題時，需注意到風險是變化且難以有效測量的。風險隨著時間的推移而演變，在經濟繁榮時往往被低估，在經濟衰退時往往會被高估，正如市場流動性充裕時通常會掩蓋金融機構面臨的流動性風險。同時，風險的內生性，更容易引發金融機構的集體行為，比如融資流動性風險在某些時候（壓力測試），更適合從整個金融市場的角度來審視。因此，在制定相關監管措施時，有必要考慮微觀主體的自利行為，防止監管政策不當，加大流動性風險。

(四) 銀行業流動性風險向保險業的溢出

當銀行擔心它們可能遭受暫時的衝擊而需要為它們自己的項目和交易策略融資時，預防性借貸就產生了。由於壽險業資產配置的特有屬性，在進行流動性風險分析時，有必要對銀行業的風險進行研究，比如房地產風險對銀行業的衝擊、監管政策變化對銀行業的衝擊等。

二、通過宏觀審慎性監管降低系統性風險

(一) 通過逆週期監管，降低風險發生的可能性

關於流動性風險宏觀審慎性監管方法的探討是當前的熱門話題，其中一個主流觀點就是監管部門在流動性週期中應逆風行事，即通過實施一些逆週期的措施，防止流動性的大起大落。監管部門可以在不同的經濟時期採用不同的資本充足率要求以降低週期性的影響。市場繁榮期監管部門應實施更嚴格的監管，防止業務快速增長掩蓋了潛在的流動性風

險，以及經營者對利益的過度追求導致的市場非理性繁榮；保險公司應持有更多的資本，以應對隨後可能出現的流動性緊張。在市場蕭條期監管部門應實施寬鬆的監管，促進市場的復甦；適當降低保險公司的資本要求，以應對可能會出現的流動性緊缺。

(二) 通過對系統重要性機構監管，降低風險發生的危害程度

系統重要性機構通常為最大且最活躍的機構，即使其不會直接導致系統性風險的產生，也有可能因為信心及預期的因素而產生多米諾骨牌效應。因此，需關注風險在整個保險市場內部是如何分佈的，單個機構對整體風險有什麼影響，從而識別出重大系統性風險的機構和市場，並採取行動以提高抗風險能力，增強整個系統的穩定性。除此之外，還應關注具有相似風險的機構，從產品結構、產品集中度、投資集中度、融資集中度等方面進行整體性分析和識別。近年來壽險市場對於中短存續期產品的過度追捧，在監管政策調整後引發多家中小型保險公司現金流淨額為負的情況就是產品結構不合理、產品集中度高的典型案例。

(三) 通過分類監管，提升監管的針對性

不同類型的機構實施不同的監管政策，可以從集團類公司、大型壽險公司、中小型壽險公司等維度進行考慮，也可以進行進一步細分。對於中小型壽險公司，負債端的大規模現金給付、資產端信用風險的影響等都可能會對流動性帶來較大壓力，如現階段壽險業結構轉型對中小型壽險公司現金流的衝擊。對於大型壽險公司，信用風險的影響比起負債端的大規模現金給付要更為突出，需要關注資產端尤其投資業務信用風險對流動性的衝擊。對於集團類公司，除了信用風險管理外，還需要關註資產負債表外業務對流動性需求的影響，以及其他子公司的風險傳遞。

三、制定宏觀審慎性監管的補充性措施

John Dingell 在他著名的調查報告《失敗的承諾：保險公司破產調查》中指出，監管部門缺少實地檢查、監管部門缺少充足的金融專家和專業人員、規定的本金和盈餘不足、對申請經營許可證的保險公司背景缺少調查、獲得保險公司財務信息方面的效率低下等原因，導致保險監管執行不力，以致未能預見和及時查明保險公司發生的財務危機。因此，這裡我們主要是探討一些補充性措施，即制定宏觀審慎性監管措施時需考慮的因素。

（1）資本流動性標準是動態的，應隨經濟週期而調整，同時要對集中度進行限制。

（2）限制利潤分配，在市場繁榮時期對股利支付進行限制，以降低個別高級管理者的利益貪婪行為帶來的風險。

（3）系統重要性機構管控，對資產增長超過一定限額、業務迅速擴張、業務結構集中的機構增加準備金及應繳納的保險保障基金。

（4）監管政策，制定系統性風險下的退出政策，經濟繁榮期比經濟蕭條期實行更加嚴格的監管干預觸發點。

第五章　關於流動性風險管理的一些建議

　　雖然在微觀主體下對經濟的追逐帶來了流動性風險隱患，社會機制的不健全隱藏著流動性風險危機，道德行為標準的遺失加劇了流動性風險的爆發。但我們也相信人是普遍具有社會偏好的，這種社會偏好會激勵人偏離純理性自利行為的路徑，而展示出豐富性和多樣性。因此，我們認為在相對完善和健全的機制體制下，基於經濟動機、社會動機、道德動機的冒險行為是不具有普遍性的，也就是說在非市場失靈的情況下（如金融危機、戰爭等），微觀主體的非技術性流動性風險問題僅是個案。如何降低單一壽險公司發生流動性問題的風險，解決某一類壽險公司出現的流動性問題，防範整個市場出現流動性危機，本章將從理念、文化、機制、監管四個方面共同推動整個流動性風險管理體系的建設，降低、弱化、防止經濟動機、社會動機和道德動機的誘發因素。

第一節　理念方面：樹立正確的保險經營認知觀

從眾多的案例中可以看出違背市場基本規律的行為終會帶來巨大的風險，因此遵循市場規律和長期以來形成的市場規範是基本的原則。無論是政府監管部門，還是市場行為主體，在創新發展、企業生存擴張等過程中應該始終堅持「保險姓保」這一根本原則，從而實現保險保障職能下的融資和社會管理職能。在規範經營的前提下，壽險公司可通過創新技術、強化內部經營管理降低產品定價成本，通過產品創新、擴大保障範圍提升產品市場競爭力，通過創新服務提升公司品牌效應和客戶黏性等實現持續發展。

同時，在保險業的持續發展中，監管部門在政策導向、產品審批等方面應始終堅持「保險保障職能」這一基本原則。鑒於保險業的經營模式可以以相對較低的負債成本獲取龐大的現金流，通過槓桿作用實現資產的增長，監管部門尤其要關注「一股獨大」和管理層內部人控制的現象，加大對代持股權、隱瞞關聯關係以及使用非自有資金註資的監管檢查，規範公司治理，防止個別股東或管理人員因保險經營價值理念偏差所帶來的風險。

第二節　文化方面：持續推進保險業誠信道德體系建設

通常而言，健全的制度和市場規範會在一定程度上約束和影響微觀主體的行為，反之每個微觀主體自身的規範也會推動整個市場的規範化。微觀主體的行為直接反應在其企業文化中，而高管的行為直接影響著企業文化。因而，加強對高級管理人員的行為規範，從企業文化上進行引導是非常必要的。

文化建設，這並非一蹴而就的事情。當行為規範、道德理念已有所偏差時，再通過完善制度去糾正偏差就顯得更加艱難了，這就需要我們去尋找最根本的矛盾和解決方案。壽險行業所表現出來的一些不良行為，與「銷售誤導」這一市場亂象有著緊密的聯繫。若是這一現象不被有效整治，再好的經營策略也會被市場弱化，很大程度上會被迫隨波逐流。因而，當前最為緊迫的就是從根本上解決壽險行業「銷售誤導」這個亂象，重塑整個行業的誠信行為規範。

一、建立誠信道德體系基本框架

保險市場誠信體系建設離不開整個社會誠信體系的建設和完善，這不僅是一個道德概念，更是一個涵蓋了政府行為、價值取向、收入水準、支付能力等的綜合評價指標。持續推進保險市場誠信體系建設，這是一個系統性的工程建設。既包括整個社會文化道德觀的塑造，又包括個人職業素養的修煉；既包括整個社會層面信用的規範和失信懲罰機制

的建立和完善，又包括信用記錄體系和信息公開查詢平臺的建立；既包括來自監管部門的監督管理，公司自身的文化建設，又包括來自公眾的監督；既包括管理層面的公司治理體系的完善、職業經理人機制的建立，又包括銷售層面的行銷人員隊伍綜合素質的提升。

二、嚴監管促進行業重塑行為規範

建立壽險公司分支機構銷售行為的綜合評價指標體系，並將其納入高級管理人員的任職評價指標和檔案記錄中，推動逐步形成自上而下的誠信文化氛圍。加強對違規行為的監管，從外部行為上進行約束；利用技術在某一段時間對微信、互聯網等移動端銷售誤導宣傳現象進行集中整治，加大對違規行為和管理責任人的處罰，並建立相應的持續監測機制。推動行銷人員體系改革，強化壽險代理人的內部行為規範，從重規模到重素質，前端嚴格從業准入，中端強化持續教育，後端加強違規行為監管和黑名單管理。

三、推動行銷人員體系改革

要在短期內取得顯著的效果，我們認為根本的還是在於行銷人員體系改革。通常而言，合格的行銷人員更懂得客戶經營的重要性，具有一定知識儲備的行銷人員才能更好地去理解和傳播保險產品。在中國公眾越來越關注保險保障的趨勢下，更需要一批能為客戶帶來更好服務的行銷人員。因而，推動各大壽險公司和專業仲介機構建立和發展一批高素質的行銷隊伍，吸引更多的高學歷高素質的人員加入保險銷售行業，逐步優化壽險市場行銷隊伍結構，從而淘汰那些不合格的行銷人員，具有

一定現實可行性。通過行銷隊伍的根本性結構改革，推進保險業誠信道德的重塑和經營行為的規範化，從而推動整個行業的良性競爭。

第三節　體制方面：完善保險市場的機制體制建設

一、政策上推動和引導壽險產品迴歸保險保障

當前，中國壽險業所呈現的流動性風險與產品脫離其基本職能有著很大的相關性。對於資產驅動型壽險公司來說，迴歸保險保障產品的成本和代價是非常高的，既包括當前的負面影響，如業務規模受到震盪、即期現金流和利潤受到影響等，又包括長期的不利因素，如公司發展的不確定性等。因而，這需要政府監管部門從政策上推動和引導壽險產品迴歸保險保障。如從資本金方面，加大對理財型產品的約束；對於推動保障型產品發展的公司，可適當考慮在資本金方面給予一定的政策，從而引導壽險產品迴歸保險保障。同時，著手建立市場退出機制，打破「政府兜底」的行為意識，通過對管理人員自身行為後果的約束，從而限制其貪婪的經濟動機。

二、逐步推進保險產品的市場化進程

通過產品定價市場化的漸進式改革，促進市場競爭，從而改善和優化保險的職能。市場化的費率形成機制需要較強的企業自主定價能力、完善的償付能力監管體系、資產負債管理體系和市場行為監管體系，以及健全的市場准入退出機制。這不僅需要保險公司提升自身的風險管理

能力，還需要政府轉變監管模式，改進監管方式。尤其是在監管方法、監管工具、技術手段上需大幅提升，強化對保險公司數據標準化、規範化採集，運用數據分析等手段建立分析平臺，改善目前市場行為監管的滯後性。同時，要重點關注資產負債「兩張皮」的現象，推進資產負債統籌管理，保證久期的合理匹配；對於資產驅動型壽險公司，根據資產結構及收益預期來確定保險產品的期限和預定收益，以保證資產負債配置相對合理。

三、建立應急方案，防止信任危機爆發

2017年12月《商業銀行流動性管理辦法（徵求意見稿）》中提出了，如果確信當前流動性緊張狀況是由於對銀行的信心出現危機，則需要實施應急方案。對於保險業來說也應建立相應的應急機制，防止信任危機的爆發給整個行業帶來嚴重的危機。當保險公司遭遇流動性衝擊甚至危機時，要根據原因區別對待，對於技術性的、季節性的或者局部的情況，可不啓動應急方案；如果確信當前流動性緊張狀況是由於對保險業的信心出現危機，則需要實施應急方案。20世紀八九十年代日本保險業危機從某種程度上也是由於監管部門措施不當使得危機越發嚴重。

監管部門有必要對信心的變動趨勢進行監測，比如保單持有人保險產品信心的下降是保障類產品信心的下降，還是投資類產品信心的下降；銀行及投資者信心的下降，是由於市場流動性緊張銀行收縮信貸，還是突發事件引發的輿論信息，還是由於其他原因，從而有針對性地制定相關的管理措施，從根本上恢復信心。

除此之外，還應與傳媒機構保持密切聯繫，在信任危機初期充分發

揮媒體在恢復其形象過程中的重要作用，尤其是在當今網絡對信息的傳播速度以及傳播面的影響力下。美國約翰遜公司在應對泰利諾危機中，通過媒體對公眾恐懼情緒採取的積極回應措施就是典型的案例。

第四節　監管方面：強化保險機構流動性風險監管

一、嘗試開展對壽險公司企業文化的評估

企業文化是一家公司的信條和價值觀，高管的行為直接影響著企業的文化，不論他是貪婪的還是自戀的，而企業文化又是員工工作和行為的方式。在第二章中，我們也看到了企業文化在一些流動性風險典型案例公司中的影響。因此，我們建議監管部門在加強對保險機構治理體系、償付能力、資產負債管理、市場行為等監管力度的同時，對企業的軟控制環境進行正式或者非正式的評估，比如重大醜聞、公眾的評價、社會流言等，以識別可能存在的潛在風險或者將其列為最高等級監管的行列，以預防風險的發生或者在風險損失更為嚴重前加以制止。也可對股東及高級管理人員既往的風險偏好及經營策略進行評估，將有著高風險偏好、經營策略過於激進的股東及高級管理人員的公司列入系統重要性機構監管範圍予以高度關注，從而有助於及時糾偏。當存在股東、經營管理者惡意違規經營行為時，加大處罰力度，對相關人員進行懲戒性處罰，比如失去從業管理資格等。

二、加大對壽險公司流動性風險管理機制的評估

風險是未知的，所謂未知就是並非所有的風險都能預料到。金融創新、新興技術等在不斷地推陳出新，不論是由於過於相信模型，還是因為技術缺陷、黑客攻擊、人為操作等因素導致的流動性問題，這些偶然事件將在什麼時候以什麼樣的方式出現，我們都是無法預估的。然而，健全的流動性風險管理機制可以幫助我們在遇到危機時，能夠從容面對，從銀行、投資者等及時獲取充足的現金流來應對風險，將損失降至最低。因此，建議加大對壽險公司流動性風險管理機制的評估，包括組織結構、決策流程、信息溝通、激勵與約束、應急計劃等方面。除此之外，還應重點加強對資本金來源的評估，防止「病從口入」；加強對資本金的即時監控，防止抽逃。根據評估情況，對出現野蠻增長趨勢的公司依次採取「窗口指導」、風險預警、增加資本金、提高給付頭寸比例、限制新業務等措施，有效防止流動性風險產生。

三、加強流動性風險管理和監控

孫麗娟（2009）對保險公司破產的國際經驗與借鑑的研究中，引用John Dingell《失敗的承諾：保險公司破產調查》的報告，指出監管部門缺少實地檢查、監管部門缺少充足的金融專家和專業人員、規定的本金和盈餘不足、對申請經營許可證的保險公司背景缺少調查、獲得保險公司財務信息方面的效率低下等原因，導致保險監管執行不力，以致未能預見和及時查明保險公司發生的財務危機。因此，在對保險公司財務業務數據進行監控的情況下，還應該對可能會導致流動性風險的因素

和表現進行識別。

由於中國保險業資產負債管理、流動性風險管理還處於初級階段，流動性風險的技術性管控在當前仍十分重要。

（1）引導和促進行業優化資產負債配置，通過科學合理地完成資產的分層配置，實現流動性、收益性和安全性的匹配和平衡。

（2）優化保險產品結構（如產品集中度過高、躉交產品規模保費占比過高），避免集中給付導致的現金流波動，從而減少為應付突發性現金需求而產生資產售賣損失或融資成本增加的可能性。

（3）強化資產管理，避免短期融資渠道過於單一集中而帶來的現金流缺口風險。

第三部分

壽險公司流動性風險內部審計研究

　　本專著的兩位作者從事了多年的風險管理第三道防線——內部審計工作，一直堅持著對內部審計理論與實踐的探索，有內部審計管理方面的，也有內部審計項目作業方面的。在這過程中逐步形成了對風險和風險管理的思考邏輯框架，這些理念和方法在壽險公司流動性風險理論研究中同樣起著非常關鍵的作用。本部分主要是基於內部審計的視角，對壽險公司的流動性風險內部管控進行了探索，包括風險導向內部審計體系框架建設，壽險公司流動性風險審計模型搭建思路和審計案例分享。

第六章　內部審計體系框架建設
——《償二代》下以風險為導向的稽核模式

在實踐工作中，為了能更有效地發揮內部審計在組織中的價值，我們經歷了組織架構的變更、系統的構建、業務流程的優化等，深刻感知良好運行的內部審計體系對於大中型企業內部審計部門的重要性。而整體體系框架搭建最重要的前提是對內部審計管理目標和關鍵流程點，以及組織所處的內外部環境的正確理解，從而形成了對《償二代》下以風險為導向的稽核模式探討的具體思路。

第一節　保險行業內部審計發展現狀分析

一、保險業內部審計發展中遇到的問題

2007 年，中國保監會印發《保險公司內部審計指引（試行）》，規範了保險公司內部審計體系建設。隨著內部審計的發展，部分保險公司

內部審計已處於瓶頸階段，其弊端和隱患也已逐步暴露出來。比如說以監督為主的事後審計，審計檢查發現越來越多的是發生在操作層面上的普遍性和重複性問題；審計報告和審計建議也大都是關於如何加強內部控制的，由此導致內部控制越來越多，流程越來越繁瑣，審計的效用越發不明顯。又比如說，以監督為主的事後審計形成的監督與被監督的關係，也容易引起內部審計部門與其他部門之間的矛盾，不利於調動被審計單位參與的積極性，甚至可能出現被審計單位對審計工作的不配合甚至是阻撓的現象。同時，我們還注意到隨著企業的不斷發展，實施全面審計面臨著日益嚴峻的項目實施壓力，審計部門以完成年度審計項目為工作重點，脫離了內部審計的核心目標，不能有效利用審計資源，從而導致審計成本增加與審計成果不顯著的雙重矛盾，使得內部審計效率低下，內部審計部門在風險管理中體現出來的作用越來越小，從而形成惡性的循環。

二、制約內部審計發展的影響因素

目前制約保險業內部審計發展既有內部自身的因素，又有外部的一些影響因素。從內部審計機構自身來說，很多保險公司尚未形成風險導向的內部審計理念，雖然部分內部審計機構建立了風險點模型，但實務中大多數審計作業仍然是以制度為基礎，著眼於對過去和目前的經濟活動進行審查和評價，重點在於揭示差錯和防止舞弊上。有的保險公司雖然已引入了以風險評估為中心的理念，但是由於內部審計部門是按照業務類型來設置的，並沒有將「風險評估」與內部組織架構設置緊密結合起來，風險評估並沒有在實務中進行有效的實踐。

從外部影響因素來講，在中國保險行業粗放式發展背景下，大多數保險公司實質上並沒有建立全面風險管理體系，如風險管理目標和工具、風險偏好、風險容忍度；缺乏監管機構、公司內部以及行業關於風險管理評價指標及相應的標準等。多數保險公司風險管理落腳點在於合規，全面風險管理意識並沒有融入業務部門，導致部分內部審計機構更多從事的是風險管理第一、二道防線的工作。如將過多的精力用於檢查舞弊案件，又如代替風險管理部門進行內部控制自評估。部分保險公司還存在直接將追回損失金額作為內部審計機構直接的考核標準之一，考核導向促使其重點在於事後的監督檢查。

三、《償二代》監管體系促進保險公司內部審計轉型

2015年初，中國保監會下發了《保險公司償付能力監管規則》，在「放開前端、管住後端」的監管理念下，啟動風險導向償付能力監管制度體系。《償二代》更關注保險公司的經營質量，考慮風險的相關性並實施動態償付能力測試，對未來一段時間內的償付能力狀況進行預測和評價，形成了對風險的事前、事中和事後全流程的監管體系，充分體現了全面風險管理的理念。以風險為導向的資本需求，使資本要求與風險更緊密相關，直接促使保險公司管理層經營理念的轉變，即由控制和防範風險向經營和管理風險轉變，由只注重風險管理向注重平衡資本、風險和收益轉變，標誌著保險精細化經營的開始。

由此可見，《償二代》監管體系將促使整個保險行業逐步邁進全面風險管控時代，「防風險、促發展」的全面風險管理理念，與風險導向的內部審計理念兩者是趨同的。按照《償二代》監管模式下公司治理

對內部審計的要求，以風險為導向的內部審計模式將是保險公司內部審計發展的必然趨勢，也是內部審計機構自我發展的迫切需要。

《償二代》將風險視為制度頂層設計的監控指標體系，對保險公司面臨的風險進行了科學的細化，並對各類風險設置了定量或定性的監管規則和評價指標。這些一方面可以為保險公司內部審計機構建立以「風險」為導向的評估指標體系提供參考和借鑑，另一方面，《償二代》監管規則第 11 號文《償付能力風險管理要求與評估》明確要求：保險公司應當根據本規則要求，結合自身業務和風險特徵，建立健全償付能力風險管理體系以及風險管理目標與工具，並將其作為風險綜合評級的評分指標，且占到 30%的權重。這就促使各保險公司主動建立健全或完善自身的全面風險管理體系，將全面風險管理理念融入公司經營管理過程中，有助於建立風險、資本與價值相統一的管理體系，推動保險公司加強風險量化管理，充分發揮第一、二道防線風險管理職責，在一定程度上可以使內部審計從目前的事後監管審計、合規審計的負荷中解脫出來。通過構建管理層清晰的風險管理目標、對關鍵風險指標的建立、損失數據的收集、風險管理信息平臺的建設，也為「從上至下」風險導向內部審計模式的建立提供支撐。

第二節　以風險為導向的內部審計內涵概述

風險導向內部審計是指以實現企業目標為目的，時刻關注影響企業目標實現的風險因素，以企業經營風險評估為導向，利用風險評估結果

編製年度審計計劃，依據風險狀況來確定審計範圍和重點，對企業的治理程序、風險管理和內部控制進行評價，進而提出建設性和可操作性的建議和意見，促進公司風險管理和治理水準的提升。我們認為現代以風險為導向的內部審計具有以下特徵：

一、內部審計的目的為增加企業價值

2015年12月中國保監會印發的《保險機構內部審計工作規範》中對內部審計的定義，在原有的審查、評價基礎上，增加了「改善」兩個字，從監管的角度強化了內部審計的價值理念。與傳統內部審計事後揭示問題為主相比較，未來內部審計的目的在於通過預防或減少組織風險、提出有價值的建議、增加組織獲利機會、提供改善組織風險所需的工具和支持等活動來為組織增加價值，促進公司及其分支機構不斷提升自身的價值創造力。

二、內部審計關注的焦點為企業的戰略目標

《償二代》以風險為導向的監管理念，在防範系統性、區域性的風險的同時，兼顧資本的使用效率和效益。與傳統內部審計檢查企業歷史業務記錄和內部控制系統的健全性和有效性為主相比較，現代風險導向內部審計關注的是影響企業戰略目標實現的風險因素，包括風險（風險是否得到恰當的管理和控制）和效益（經濟性、效率性、效果性、適當性和環境性）兩個方面。

三、內部審計的理念為「前瞻性」

傳統內部審計是對現在和歷史的評價，雖然對歷史交易和記錄的檢

查可以揭示一定的風險，但是在當今快速變遷的社會經濟發展中，以史為鑒的作用是有限的。所以，現代內部審計只有著眼於未來才能提高控制和績效，應要具有一定程度的「前瞻性」，根據公司的發展戰略判斷是否採取了適當的預防和應對措施並提出相應的改進建議，在公司戰略目標的實現過程中提供必要的牽引推動。

第三節　以風險為導向的內部審計模式的實踐探索

在《償二代》風險導向償付能力監管體系下，保險公司內部審計機構自動迎接轉型，首要是建立一個較為系統化的以風險為導向的內部審計體系框架，為接下來各項具體工作的有效實施奠定良好的基礎。

一、以企業戰略目標為基礎的內部審計戰略規劃

內部審計戰略目標及規劃是內部審計中長期發展方向的指引，對於全面提升內部審計效能和實現價值增值目標具有積極的作用。內部審計戰略規劃的制定，要充分滿足公司治理的需求，以促進公司目標的實現為基礎，它是一個系統性、持續性和動態性的工程。

內部審計管理及其戰略規劃體系框架應基於公司總體戰略目標。在對內、外部環境的充分分析的基礎上，制定內部審計戰略目標，通過系列內部審計活動實現戰略規劃的效應，從而促進公司總體戰略目標的實現。在《償二代》監管體系下，保險公司的目標是要實現價值最大化和資本效率最優化管理，內部審計作為風險管理體系的第三道防線，應

充分發揮自身的確認和諮詢職能，在為支持和保障企業價值最大化發展戰略目標順利實現提供增值性服務的同時，保障自身可持續發展。基於此，本章初步構建了風險為導向的內部審計管理及其戰略規劃體系框架，如圖6.1所示。

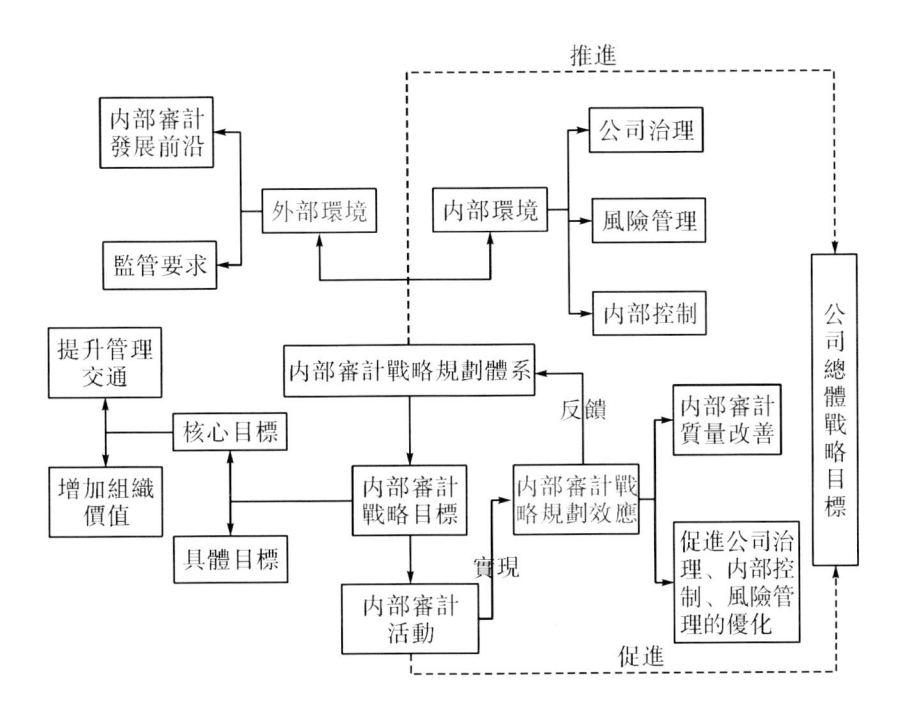

圖6.1　內部審計管理及其戰略規劃體系框架

二、以風險評估為核心的風險源採集識別系統

風險導向內部審計是以風險控制為主導思想，其中一項重要工作就是預測和識別風險，這也是難點所在。要解決這個難題，我們認為需要構建集內外部信息為一體的內部審計數據庫，內部審計人員通過利用內部審計數據庫對公司進行全面風險評估，並依據評估結果確定審計的關

注點，編製年度審計計劃。

　　內部審計數據庫是多層次、多維度、持續性和動態的風險列表，涵蓋市場環境信息、公司發展戰略目標、公司風險管理狀況及內部控制自我評價情況、歷年內部審計成果等，是企業各層面、各類別風險信息、數據集資料的存儲中心，從而幫助內部審計人員瞭解相關法律法規制度、所處行業特點和經營環境、公司的發展戰略、公司風險管理及內部控制中存在的問題等方面內容，綜合分析影響企業目標實現的各類風險因素，如圖 6.2 所示。

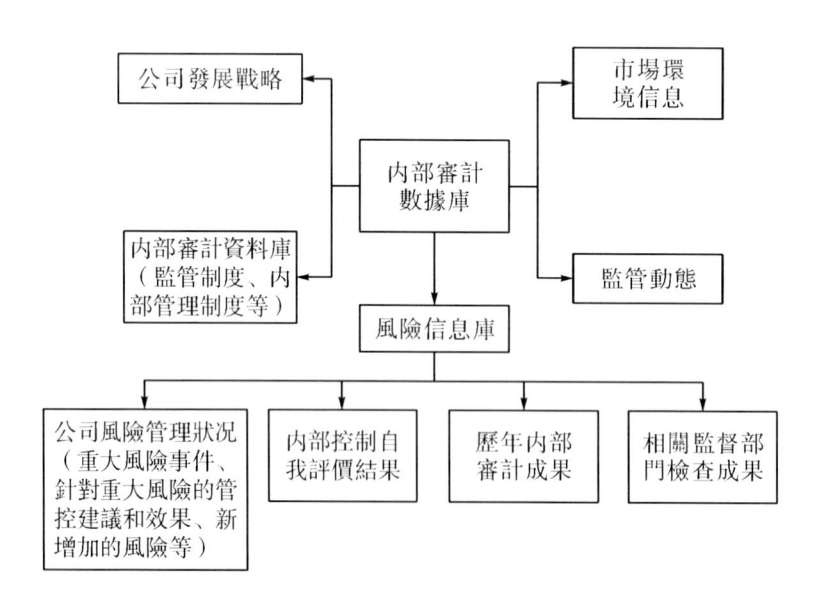

圖 6.2　內部審計數據庫

　　有效結合企業風險管理及內部控制建設的成果來建立風險信息庫，內容包含：一是整個公司的風險管理狀況，如公司的風險偏好體系，發生的重大風險事件、針對重大風險的管控建議和效果、新增加的風險等；二是各管理部門及總分支公司的內部控制自我評價結果，在審計過

程中內部審計部門也可以對內部控制自我評價的效果進行評估，促進公司風險管理能力的提升，優化風險數據庫；三是歷年內部審計成果，如根據內部審計檢查結果對問題成因的分析，針對共性問題和風險建立適合企業管控和管理需要的風險分類分級分層評估標準等；四是相關監督部門檢查成果，如監事會、風險管理部門、監察部對公司風險的評估等。

在風險信息庫建設方面，還需要持續優化風險評估的定量指標和定性描述，通過風險指標、量化限額、資本充足性要求以及相關標準，進一步完善風險評估模型建設，加大風險評估的力度和精度。通過對風險指標的時時監測，有效發揮風險預警功能，在風險損失出現前及時採取有效措施防止損失的出現。內部審計數據庫的建設需要專人進行維護，定期進行修訂，如根據年度風險管理評估結果對風險信息庫進行修訂，根據內外部市場環境的變化情況對市場環境信息庫進行修訂，時刻跟蹤最新的監管動態信息，持續更新內部審計資料庫等。

三、與「風險評估」緊密聯繫的內部審計組織機構設置

與「風險評估」緊密聯繫的內部審計組織機構是實現風險導向內部審計的基本保障。在頂層設置層面，主要是確保內部審計工作遵循獨立性、客觀性、權威性、專業性、有效性的原則，同時保持內部審計工作與經營管理更緊密結合，建立董事會審計委員會和經營層審計委員會，實現內部審計雙向匯報。在執行層面，依據內部審計業務流程來設置相關職能部門，如圖 6.3 所示。

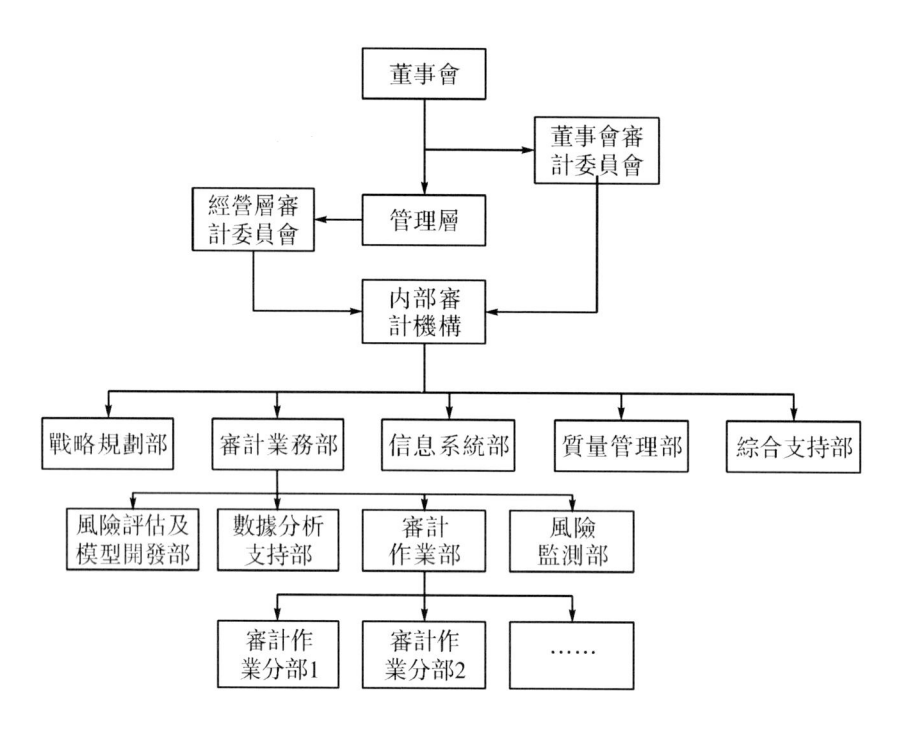

圖 6.3　與風險評估緊密聯繫的內部審計組織機構

一是戰略層面：根據內部審計機構的規模大小設置內部審計戰略規劃部門或者將相關職能賦予相關部門中，如戰略規劃部，負責統一部署以風險為導向的內部審計戰略規劃。

二是基礎平臺層面：「風險評估」貫穿風險導向內部審計的始終，需要大量信息作為支撐，特別是運用現代信息化審計方式如大數據作業時，可以設置一個專門的部門如信息系統部，負責整個審計中心的風險源採集識別系統的構建和持續維護；搭建集用戶管理、審計作業、質量管理、統計分析、檔案管理等為一體的內部審計信息平臺。

三是實施層面：負責內部審計機構的審計業務的開展，並統籌實施集團及子公司總公司層面的內部控制、風險管理以及償付能力審計

等，根據內部審計機構規模的大小和戰略方向可以設置以下幾個分部。（1）風險評估及模型開發部，負責收集風險評估程序所需的信息、制定風險評估標準、編製風險原因分析字典等，對企業整體風險進行評估，確定初步的年度審計計劃（審計項目、審計重點及審計範圍）等；提供風險評估的思路和需要，為風險評估信息技術的開發提供支持。（2）數據分析支持部，基於數據分析模型構建的專業性，由專門的部門開展會使風險評估效率大大提高，該部門主要是根據審計思路和需求，建立數據分析模型和數據預警模型，通過信息技術手段實現對聯網數據的轉換、整合，從而促進實現對審計數據的宏觀分析，對審計疑點的預警提示等，為整體風險評估、單個項目風險評估以及風險監測提供支持。（3）審計作業部，負責具體審計項目的實施，如專項審計項目、經濟責任審計項目、IT審計項目、效益效能審計項目等，可根據內部審計機構規模大小再單設審計作業分部。（4）風險監測部，基於大數據以及現代審計技術的運用，部分風險可以實現時時聯網監測，根據內部審計機構規模的大小和戰略方向可以在審計業務部下單設風險監測部。

四是管理支持層面：（1）質量管理部，內部審計活動的質量是內部審計戰略規劃效應的直接體現，質量管理部主要負責建立涵蓋內部審計環境、內部審計整體質量、內部審計業務質量為一體的質量管理體系；建立內部審計成果評估指標體系，促進整體內部審計質量的改善。（2）綜合支持部，主要是負責內部審計機構的後援支持以及行政管理工作。

以上基於保險集團公司內部審計組織機構的一種設想，對於規模較小的內部審計機構，可以在相關部門設置科室或職能崗位來實現相應職能。

四、以風險為導向的業務流程

(一) 依據風險評估編製年度審計計劃

內部審計的最終目標就是幫助企業實現目標，創造價值。風險導向內部審計首先要確定企業的目標，然後分析對這些目標產生影響的風險以及能夠管理這些風險的控制，利用多種風險分析工具盡可能地量化風險水準。通過系統的識別、分析與衡量企業面臨的各種風險，根據其對企業經營目標影響的重要性水準和發生的可能性判斷風險的大小，進而確定審計重點及審計範圍。風險導向以企業目標為出發點，關注的是企業現在和未來可能存在的風險，具有前瞻性和某種程度的彈性，如圖6.4所示。

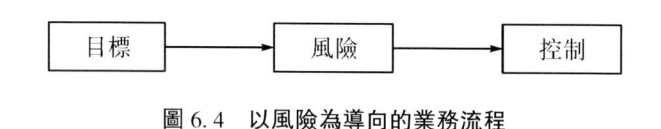

目標 → 風險 → 控制

圖6.4 以風險為導向的業務流程

結合《償二代》監管體系的風險分類指標，我們將保險風險、市場風險、信用風險、操作風險、戰略風險、流動性風險、聲譽風險納入規範化、標準化的風險評估指標體系，對於保險集團公司還會增加其特有的風險，比如風險傳染性、組織結構不透明風險、集中度風險以及非保險領域風險等。在審計計劃階段，圍繞企業的經營目標全面識別風險，充分考慮企業的現有風險狀況以及每年度內部控制自我評估的風險排序情況，結合歷年內部審計檢查對企業管理能力、內部控制有效性、風險管理效果的評估情況，內外部環境變化對企業目標實現的潛在風險、監管要求等來確定內部審計的工作重點。

舉例來說通過風險評估，我們得出戰略風險涉及發展方式風險、併

購重組風險、投資決策風險等方面；操作風險涉及法律法規遵循風險、營運風險等方面。結合對重大風險的評估，根據風險的重要性和風險對企業管理目標的影響度，來初步確定年度審計項目和審計側重點，企業風險評估熱圖如圖6.5所示。

		損失程度					
		1.極小	2.較小	3.中等	4.較大	5.重大
損失可能性	5.極高	B	B	A	A	A
	4.高	B	B	B	A	A
	3.中等	C	B	B	B	A
	2.低	C	C	B	B	B
	1.極低	C	C	C	B	B

圖6.5　企業風險評估熱圖

圖6.5中A區域為重要風險區，對企業目標的實現影響最大，處於極高的水準，應優先安排審計資源進行重點審計。B區域部分為可以接受風險區，對企業目標的實現有一定的影響，處於中等水準適當安排審計資源即可。C區域部分各種風險對企業目標影響較小，處於較低水準，在企業的風險承受力之內，可以不納入審計範圍。年度風險評估圖並不是固化的，而是隨著內外部環境的變化，企業目標的實現可能面臨新的重要風險，或者原先評估的低風險其影響程度變大，所以風險評估是一個持續的過程。按照風險排序，有重點地選取重大風險領域的事項納入審計範圍，通過合理分配內部審計資源，可以將有限的內部審計資源集中於高風險領域，同時也有助於將內部審計人員從目前全面審計的項目壓力中解放出來，從而提高內部審計的效率和效果。

在對企業風險進行評估得出初步確定年度審計項目和審計側重點

後，深入開展年度審計計劃調研，推進管理者參與風險評估體系的建設。利用風險評估模型的分析結果，與管理層廣泛討論企業的風險情況，內部審計部門與管理部門一起識別和評價影響企業目標實現的重大風險，將內部審計目標與企業的戰略方向相聯繫，共同確定公司主要風險領域，確定年度內部審計計劃、範圍和審計重點。

（二）根據年度審計計劃建立標準化的風險點模型框架

以風險為導向的內部審計模式，不僅是利用風險評估的結果編製年度審計計劃，還要更多地關注風險以及風險產生的原因，在運用系統科學的技術和方法完成審計工作的過程中，更多地關注標準化和規範化。因此，我們嘗試建立規範化的風險點模型框架，根據風險評估的變化而即時調整，便於更好地指引具體內部審計項目的實施。

表 6-1　　　　　　　　　標準化的風險點模型框架

風險大類	風險子類	評估指標	重點關注內容	詳細風險點	測試方法

風險大類以《償二代》監管體系的風險分類指標以及集團公司特有風險為維度，依據年度風險評估結果確定的審計重點和範圍來制定風險子類，根據公司目標確定評估指標以及重點關注內容，制定詳細的風險點和測試方法。同時將風險評估熱圖中 A 區域列入內部審計檢查重點。舉例來說，根據風險評估情況確定的風險子類作為年度審計的範圍和重點，根據審計範圍和重點來實施內部審計項目，如資產流動性風

險、退保風險、詐欺風險、法律合規風險等,通過制定相應的評估指標,建立其與業務流程、詳細風險點之間的對應關係,從而評估風險是否得到了適當的管理和控制,以促進企業目標的實現。

(三) 以風險為基礎編製審計方案實施具體審計項目

對於大型集團公司來說,年度審計計劃制訂後,需下發至各審計作業部門實施。各審計作業部門根據年度審計任務情況分配審計資源,組成審計項目組,制訂審計實施方案。以風險為導向的內部審計模式,是指將風險的識別和評估貫穿於審計過程的每一個環節和步驟。由於具體的審計項目受被審計單位基本情況的影響,風險點模型是規範化、標準化的指引,審計方案是審計項目組實施項目的細化指導。審計項目組在編製審計實施方案前,在充分瞭解被審計單位的基本情況後,制訂具體的實施方案,如審計重點、人員安排、時間安排、抽樣比例等,從而在有限的審計資源下實現「全面審計,突出重點」,有針對性的實施靈活的審計程序。

在瞭解被審計單位基本情況後,在年度風險評估結果和風險點模型的基礎上,確定被審計單位的審計重點。由於被審計單位受其管理水準的影響,有可能納入總體風險評估中的審計重點在某一管理健全的被審計單位重新評估後的風險較小,有可能納入總體風險評估中的風險中等的風險點在某一管理混亂的被審計單位存在極高的風險。因此,在實施每一個具體的審計項目時,要結合被審計單位進行風險評估,從而制訂具體的審計方案。在進一步風險評估中,對於高風險領域的風險點,可能就會安排經驗豐富的內部審計人員進行全面檢查而不是抽樣檢查;對於中等風險領域的風險點,可能就會進行抽樣檢查,根據被審計單位的

實際情況，比如50%抽樣；對於低風險領域的風險點，可能就會選擇更低比例的抽樣。在整個審計過程中，以風險為導向，將審計資源投入到高風險領域。

（四）審計成果在於增加價值

以風險為導向的內部審計目的在於增加企業的價值，因而審計結論和審計建議都是緊緊圍繞怎樣控制風險來提出的。關注導致風險產生的原因與要素的分析，這樣才能使審計委員會和高管層瞭解所面臨的風險及變化，以及導致風險產生的根本原因。也只有通過深入的原因分析，提出控制風險的管理建議才具有建設性和可操作性，才能從風險源頭出發制定有效的改善措施。

審計成果的利用程度、審計發現的傳遞效率直接影響在全面風險管理體系中內部審計的存在作用和價值。因而，在具體審計發現的基礎上，建立了審計檢查結果分類分析體系，反應審計發現的重點風險分佈情況以及形成對公司整體的風險評價。同時，從公司全局出發，整體的風險分析也有助於從體制、機制、制度層面提出具有建設性的審計建議。

通過初步的探索，建立了總體風險分類框架體系，如圖6.6所示，包含：一是借鑑《償二代》監管體系風險分類的維度，按照風險的屬性分類；二是從企業管理的角度著手，分為落實黨和國家經濟政策、公司治理、重大經濟決策、經營管理、財務管理與會計核算、內部控制及管理、履職待遇與業務支出、外部監督檢查等方面；三是從風險成因出發，分為人員因素、程序與流程、信息系統、市場環境等方面。其他為輔助維度，將根據實際需要，進行分類規則的優化和調整。

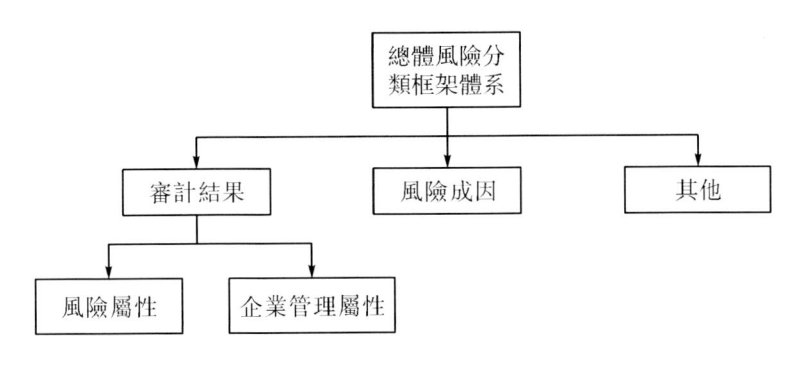

圖 6.6　風險分類框架體系

同時，將審計結果納入風險信息庫，通過對風險的系統性分析，我們可以清晰地瞭解公司在哪一個管理環節存在一些共性的問題和風險，在哪一個領域的風險影響程度較大等。而且可以通過歷年的檢查結果對比分析，瞭解風險的改善情況，評估改善的效果等。

（五）以改善組織風險為目的提供增值服務

以風險為導向的內部審計目的在於增加企業的價值，因而內部審計不在於確認公司內部控制的薄弱環節，而在於為管理部門提供改善控制所需的工具和支持。在審計過程中，不僅是發現否定性問題，而是根據問題找到公司引起風險的最根本原因，從而提供有效的內部審計建議，以及提供相應的審計產品。

建立內部審計部門與管理部門間的密切聯繫機制，為公司管理層決策提供有力依據。實施內部審計部門與經營管理層定期溝通會議機制，通報審計檢查發現重大問題，聽取管理層對重大風險管控舉措及對審計工作意見建議，促進重大風險問題有效防範和整改。與公司各層級召開工作溝通會，及時收集及解讀相關制度文件，關注公司新的風險，貼近實際完善審計標準，突出審計重點，更好服務公司發展。

開展風險管理教育，強化風險管理控制意識。通過提供「風險管理教育」增值服務，強化系統內員工上下的風險管理控制意識。如高層基調，由審計責任人親自向下至經理上到領導管理層，講授關於風險管理控制的培訓項目；建立內部審計案例庫，開展風險管理培訓服務，推行有針對性的典型案例教育，促進員工風險意識和合規經營意識提升。

　　完善培訓增值服務，提高全面風險管理能力。建立內部審計部門對管理部門的分級培訓機制，對於培訓需要，如在進行風險評估過程中發現了培訓的必要性，管理部門提出培訓需求，在審計過程中或提供另一審計產品時發現了培訓的必要性。通過提供培訓服務，提升員工的工作能力，從而提高公司內部控制管理能力，防範風險的發生。

第七章　壽險公司流動性風險審計

內部審計作為風險管理的第三道防線，如何對壽險公司流動性風險進行有效的識別，促進改善公司流動性風險管理的適當性和有效性即為本章研究的重點。本章將立足於壽險公司內部審計的視角，探究流動性風險背後的動態成因，探索從流動性風險管理機制、流動性風險識別、流動性風險監測以及流動性風險後續審計等方面建立以風險為導向的壽險公司流動性風險審計框架。由於風險是隨著內外部環境變化而變化的，本章對於壽險公司流動性風險內部審計模型的探索主要是基於2016年的壽險市場環境而建立的。

第一節　壽險公司流動性風險產生的內在成因

美國20世紀70年代嚴重的通貨膨脹，產生的保單貸款和退保引起的「資金遊離」成為當時美國壽險業面臨的最嚴重的問題（陳東升，2000）。日本在本國經濟衰退及亞洲金融風暴的衝擊中，利差損日益嚴重，先後多家壽險公司破產；同樣以儲蓄性產品為主的韓國壽險市場，在亞洲金融風暴的衝擊中也未能幸免（李薇，2009）。經濟週期、通貨膨脹、利率波動等都會誘發流動性風險，但並不是所有保險公司面對下

行的外部環境都會破產。因此，透過流動性風險的誘發因素，分析可能引發的根本原因，才是防範和減少流動性風險損失的有效途徑。

一、中國壽險公司流動性風險環境①

在本章研究期間，中國保險業呈現持續加速發展的態勢，一方面人身險滿期給付與退保呈現「總量較大、增長較快」的特點。以萬能險和普通壽險形式存在的中短存續、高現價業務引發的非正常退保，「長險短賣」以及銷售誤導等使退保金大幅增長；前期大量集中銷售的分紅型保險產品到期，滿期給付持續增長②。另一方面，由於中短存續期業務成本普遍較高③，保險公司不得不將資金配置到高收益高風險（預期收益高、投資期限長、流動性低、有的甚至是經過包裝的垃圾資產）的項目上，資產端期限通常在5~10年左右，有的甚至更長，導致保險資金「短錢長配」。

宏觀經濟下行壓力、低利率環境對保險公司經營帶來的挑戰，利差損和費差損進一步加劇，滿期給付的集中到來和退保風險的增加將帶來流動性衝擊。有些公司經常通過逆回購來解決給付資金不足的問題，一旦資金市場出現短缺或逆回購資金成本高企，流動性風險將更加凸顯。現階段監管部門已經限制了短期限、高現價產品的銷售，並暫停了個別

---

① 中國保險保障基金有限責任公司.《中國保險業風險評估報告2016》解讀[EB/OL]. (2016-07-06) [2016-10-19]. http://www.cisf/cn/xwzx/gsdt /1881.jsp；中國保險保障基金有限責任公司. 2016上半年保險業運行數據解讀與風險分析[EB/OL]. (2016-08-09) [2016-10-19]. http://www.cisf/cn/xwzx/gsdt /1887.jsp.

② 人身險行業現金流相關指標2014年人身險業退保金3,207.77億元，同比增長70.49%；2015年退保金3939.01億元，同比增長22.80%；2014年人身險業賠付支出3,030.24億元，同比增長24.83%；2015年賠付支出3987.87億元，同比增長31.60%（中國保險保障基金有限責任公司. 中國保險業風險評估報告2016解讀[EB/OL]. (2016-07-06) [2016-10-19]. http://www.cisf.cn/xwzx/gsdt/1881.jsp.).

③ 市場上常見的高現金價值產品預期收益率一般在4%~7%，再加上2%~3%的渠道費率，總資金成本6%~9%（王月玲，朱迎. 高現金價值業務發展特徵分析及風險防範[EB/OL]. (2016-05-24) [2016-11-28]. http://www.cisf.cn/fxjc/bxyztyj/1836.jsp.).

公司新業務，新單保費資金鏈條的斷裂，滿期給付和退保風險帶來的流動性風險迫在眼前。雖然在中國壽險公司不允許倒閉，但接盤者需要投入大量的資金，這對行業帶來的振蕩和影響將是巨大的。

二、壽險公司流動性風險成因

通過分析，我們認為流動性風險的主要根源在於資產負債嚴重不匹配，進一步分析體現以下幾個方面：

（1）在管理上缺乏資產負債協調管理意識，資產負債嚴重不匹配。

（2）在負債端的管理上產品結構不合理、產品設計時定價利率與投資組合收益之間相關度較低。

（3）在資產端的管理上個別保險公司投資過於激進，不能及時有效地應對市場環境的變化。

（4）在風險管理上公司戰略（業務）規劃未將風險管理前置，缺乏對未來可能風險因素造成的結果分析，以及未對風險進行持續跟蹤並實行閉環式管理。

（5）在業務推動上規模導向，使得銷售誤導現象仍較為普遍，普遍性的「長險短賣」加大了期限錯配。

除此之外，金融市場發育程度、下行的經濟環境、累積的信用風險、消息輿論（擠兌）、集團公司間的風險傳遞等也對流動性造成影響。

第二節　流動性風險的審計目標和重點

一、流動性風險審計目標

在內外部環境的影響下，流動性風險已成為足以影響壽險公司持續

健康發展的潛在風險，充足的償付能力是壽險公司最根本的目標，以確保不出現因流動性缺口導致公司重大損失或者破產倒閉的風險。風險導向的內部審計應重點關注影響公司流動性的動態風險因素，為公司在流動性風險管理和內部控制體系建設方面提供確認和諮詢服務。

基於此，我們將流動性風險審計目標定義為，通過確認和諮詢服務，為公司在建立健全流動性風險管理體系，有效識別、監測和控制流動性風險方面提供合理的保證。

二、流動性風險審計的重點

國內外學者不乏對流動性風險進行研究，如從宏觀的角度對風險管理機制的思考，從微觀角度包括對流動性風險的識別、計量、監測和控制等。在此，我們通過對中國保險業尤其是壽險業內外部環境進行分析，對美國、日本等壽險公司流動性風險產生的根本原因進行研究，理論和經驗相結合，辯證地進行借鑑和運用，以「前瞻性、實踐性」為原則，以動態的思維，對流動性風險的審計重點進行了思考。

在流動性風險審計中，我們將重點關注可能引發流動性風險的系列管理缺陷，具體如下：流動性風險管理機制的健全性及執行的有效性（涵蓋合規性審計）、流動性風險識別、流動性風險監測以及流動性風險後續審計。

第三節　壽險公司流動性風險內部審計模型探索

內部審計的目的是幫助企業實現目標，創造價值，關注的是企業現在和未來可能存在的風險。由於風險是隨著內外部環境變化而變化的，因而對於壽險公司流動性風險內部審計模型的探索主要是基於 2016 年

的壽險市場環境而建立的。

一、流動性風險管理機制的健全性及執行的有效性

保監會副主席陳文輝在 2016 年 17 屆中國精算年會上指出：「保險行業只有個別的、比較優秀的公司做到了資產負債匹配，對於行業絕大多數公司來說，資產端和負債端還是『兩張皮』的狀況。」由此造成保險產品的開發定價同資金運用脫節，投資組合管理很少顧及保險產品的特徵，以至於出現了利差損、短期流動性需求等問題。因而，流動性風險管理機制的健全性和有效性仍是重點關注的領域之一。

陳璐、徐南南（2011）在《美國保險公司破產研究及對中國的啟示》一文中對 1978—2009 年美國保險公司破產案例進行了分析。從保險公司破產因果鏈和風險來看，在某一時期整個保險業都面臨著同樣的外部環境，例如經濟週期、通貨膨脹、利率波動、匯率變化、資本市場環境以及相同的監管政策等，然而卻只有個別公司會最終走向破產。究其原因，則是一些在觸發事件多年前就已經存在的管理缺陷，這些缺陷匯集起來達到嚴重程度就會使公司對觸發事件變得敏感而脆弱，同時觸發事件會使缺陷逐漸惡化，遇到外部環境不利變化就會容易產生嚴重的後果。因而，流動性風險管理制度的健全性和執行的有效性，是保障流動性風險管理內控體系有效運行的基石，內部審計可以《保險公司償付能力監管規則第 12 號：流動性風險》以及公司相應管理制度為依據，為公司是否遵循監管及內部管理規定並有效執行提供確認服務。流動性風險管理內控體系模型如表 7-1 所示。

表 7-1　　　　　　　流動性風險管理內控體系模型

評估指標	詳細風險點	重點關注內容	審計性質
組織結構的健全性和有效性	因機制缺失或不完善，不能有效地實行資產負債管理產生的風險	公司是否建立了完善的流動性風險管理架構，明確董事會及其下設的專門委員會、管理層，以及相關部門在流動性風險管理中的職責和報告路線	確認
決策流程的健全性和有效性	因資產端、負債端充分、有效的橫向溝通失效而引發的戰略決策風險	公司管理層是否能及時把握總體目標和風險承受能力，著眼於公司整體角度對產品開發和定價、銷售策略及投資策略等予以調整	確認
信息溝通的健全性和有效性	因資產端、負債端充分、有效的橫向溝通失效而產生的資產負債不匹配風險	公司是否能及時根據內外部環境的變化，識別和分析相關流動性風險因素，並制定相應的管理措施和應急計劃	確認
激勵與約束機制的健全性和有效性	因激勵與約束機制缺失或不完善引發的內控管理失效風險	1. 公司是否建立了考核和問責機制，並有效執行 2. 考核和問責機制是否有效，能否促進流動性風險機制的有效運行	確認
制度的健全性	因制度缺失或不完善引發的內部控制風險	公司各層級是否按照監管規定和內部管理要求制定或細化相關流動性風險管理制度	確認
		以國際經驗及行業最佳實務為標準，對公司流動性風險管理及內部控制情況進行風險評估，為完善流動性風險內控管理提供建議	諮詢
制度執行的有效性	因未嚴格執行相關流動性風險管理制度而引發的內部控制風險	公司各層級是否有效執行流動性風險管理相關制度	確認

二、流動性風險識別

市場利率的變化、通貨膨脹、經濟週期通常是流動性風險的引發因素，我們應對導致流動性風險產生的內在原因進行識別。基於經驗角

度，本章分析了國內外流動性風險的影響因素，結合中國保險業環境現狀[①]，從監管環境、保險風險、信用風險、市場風險、操作風險、戰略風險、聲譽風險等維度出發，構建了風險點模型。通過有效識別和監測上述風險對流動性水準的影響，期望有助於壽險公司建立流動性風險預警機制。鑒於保險公司分支機構眾多，流動性風險的識別可以嵌入其他審計項目中。流動性風險識別如表7-2所示。

表7-2　　　　　　　　　　流動性風險識別

評估指標	詳細風險點	重點關注內容	審計性質	備註
監管環境變化對流動性風險的影響	因監管環境變化對公司經營管理造成的影響	監管政策的變化對公司經營管理的影響，以及可能引發的潛在風險	諮詢	普華永道2015年香蕉皮報告《保險公司面臨的風險》顯示，金融監管風險有上升為全球保險行業所面臨的最大風險的趨勢，最大的監管風險在於制度變化的速度。保監會在各類新聞報導或講話中均提到，強化償付能力監管，嚴守系統性風險底線，可見監管將進一步趨嚴，保監會將在資金運用、萬能險產品銷售、公司治理等方面出抬系列制度。萬能險銷售監管趨嚴（保監會先後叫停了前海人壽、恒大人壽等6家公司的互聯網保險業務），將可能對新單保費帶來較大的影響，如何應對近幾年遺留下來的短期萬能險到期現金流給付需求？資金運用趨嚴，特別是另類投資、高風險投資的嚴監管，是否會對保險公司預期投資收益造成影響？

---

① 中國保險保障基金有限責任公司.《中國保險業風險評估報告2016》解讀［EB/OL］.(2016-07-06)［2016-10-19］. http://www.cisf/cn/xwzx/gsdt/1881.jsp；中國保險保障基金有限責任公司. 2016上半年保險業運行數據解讀與風險分析［EB/OL］.(2016-08-09)［2016-10-19］. http://www.cisf/cn/xwzx/gsdt/1887.jsp.

表7-2(續)

評估指標	詳細風險點	重點關注內容	審計性質	備註
戰略風險對流動性風險的影響	因戰略發展規劃問題導致流動性風險	1. 公司是否建立了明確的策略型產品銷售目標，以及根據相應目標建立經營舉措和風險管控措施（如以提升市場占比為目標的策略型產品銷售計劃，是否建立了相應的中長期經營發展舉措和配套措施，以確保短期的策略型產品停售後仍能持續提升或保持市場地位） 2. 公司是否根據策略型產品的銷售目標建立相應的風險管控跟蹤機制、風險監控體系以及激勵考核機制（如以現金流為目的策略型產品銷售計劃，是否關注即保即退、即保即貸等影響現金流的異常指標，是否將重要風險指標納入考核體系等）	確認+諮詢	中短存續期業務是壽險公司根據市場環境、業務發展策略、現金流管理以及銷售節奏等需求所設計的階段性產品。2013年以來在銀保和互聯網渠道持續熱銷，成為了壽險公司快速增加規模保費、提升市場佔有率的支柱力量；同時也為壽險公司提供了大量現金流，緩解或掩蓋了滿期給付及退保高企所帶來的短期流動性問題。產品銷售本身沒有問題，而目前所爆發出的流動性風險隱患很大程度上在於缺乏系統性的戰略規劃而導致的對高現價產品的高度依賴，如流動性分析（高現價產品銷售計劃制定時缺乏流動性需求分佈及應對措施）、系統性的業務發展規劃分析（高現價產品銷售帶來規模保費快速增長後如何持續保持增速）
	因產品業務規劃問題導致流動性風險	1. 結合公司發展戰略和宏觀經濟環境，分析公司對實施既定戰略過程中是否對存在的潛在風險進行評估，並制定相應的風險管理措施且持續跟蹤，以提升戰略制定與執行管理水準 2. 結合產品結構對資產配置、流動性需求等進行前瞻性研究和分析	諮詢	2016年8月，保監會副主席在《財新周刊》發表署名文章指出，20世紀美國、日本等國家的壽險公司發生危機的過程，基本上都是沿著「規模擴張、成本提升、投資激進、泡沫破裂、流動性或償付能力危機、破產倒閉」這一規律發展變化。而中國壽險業的外延式規模擴張與日本相似，從歷史數據來看，日本七家保險公司破產的表面原因，是由於泡沫經濟破滅後日本當局實行低利率政策給保險公司帶來的巨額「利差損」。實際上，導致日本保險業破產的根本原因是嚴重的產品結構問題，以及由於產品結構問題所產生的投資失敗

表7-2(續)

評估指標	詳細風險點	重點關注內容	審計性質	備註
流動性風險	因資產負債不匹配導致流動性風險	1.產品設計和開發是否有相應的流動性管理、資產負債匹配以及資本管理的評估分析、後續跟蹤以及風險管控措施（如高現價產品到期後的續發問題） 2.產品設計和開發時是否根據單個保險產品或具有同質風險的保險合同組合制定相應的資金運用策略，以降低資產負債不匹配的風險	確認＋諮詢	保險給付是壽險公司現金流出的主要部分。前期大量集中銷售的分紅型保險產品到期（5年期、10年期、20年期），滿期給付將持續增長，壽險公司的流動性需求大大上升。同時，以萬能險和普通壽險形式存在的中短存續期業務帶來的非正常退保主要集中在一季度，中短存續期類產品「短錢長配」也帶來流動性風險
信用風險對流動性風險的影響	因信用風險處理不當導致流動性風險	重點關注突發事件應急管理機制及其有效性，防範重要交易對手出現違約風險時引發信用風險，從而引發保單持有人恐慌出現「銀行擠兌」事件，集中大規模退保導致短期現金流需求	確認	債券市場主體評級下調與違約事件增加，風險企業性質、違約券種範圍不斷擴大，剛性兌付預期逐步打破；部分債權計劃發行主體存在要求修改合同、調低項目利率，或主動違約提前兌付等情況。例如：浙商財險可能風險敞口約11億元的違約債券本息賠付（保證保險），最後是否能全額追償尚未知曉，但短期大規模現金流出對浙商財險經營管理造成的影響顯而易見
市場風險對流動性風險的影響	因對市場風險評估機制失效導致流動性風險	是否建立了市場風險（宏觀經濟環境、利率、匯率、通貨膨脹等因素）的評估、分析和監測機制，評估指標的分析假設是否適當	確認＋諮詢	

表7-2(續)

評估指標	詳細風險點	重點關注內容	審計性質	備註
保險風險對流動性風險的影響	因產品設計和開發問題導致流動性風險	產品設計和開發時是否關注退保風險，並建立有效的措施進行風險監測和防範，降低非正常的短期流動性需求風險	確認+諮詢	市場上曾出現個別公司產品在承保後(1個月或更短的時間)現金價值即高於所繳納的保費，保單持有人行使保單選擇權的成本幾乎為零，保單銷售人員的投機性或者保單持有人對市場環境的敏感性增大了對短期流動性的需求
	因繼續率指標失真對流動性風險的影響	1. 繼續率指標的真實性影響未來一段時間流動性風險前瞻性分析和評估的準確度，重點關注虛假保費、繼續率弄虛作假等違規行為 2. 根據歷年(第三年、四年、五年)失效和退保數據，對繼續率情況進行反向分析和評估	確認+諮詢	保費收入是壽險公司流動性的重要來源，是壽險公司現金流入的主要部分，是影響壽險公司現金流供給乃至流動性風險的重要因素，續期保費是保費收入的重要構成部分
聲譽風險對流動性風險的影響	因聲譽風險處理不當導致的流動性風險(涉及分支機構檢查)	1. 行銷人員日常行為管理的風險管控體系的有效性 2. 外部機構非法行為的風險識別和監測體系的有效性 3. 社會輿論的監控體系的有效性 4. 突發事件應急管理機制及其有效性，以防範群體性事件的發生或重大信任危機	確認	2016上半年保險業運行數據解讀與風險分析指出：部分保險從業人員以非保險身分參與社會集資、民間借貸及代銷第三方理財產品、一些外部投融資機構利用保險產品或保險公司名義對外虛假宣傳和誇大保險責任，以及「寶萬之爭」①等使保險公司成為社會關注焦點。聲譽風險一旦升級為群體性事件，將對整體行業帶來無法挽回的影響，或導致信任危機或集中退保

---

① 「寶萬之爭」是指萬科企業股份有限公司與深圳市寶能集團投資有限公司之間為了長期穩定的高額收益所進行的為期一年的收購戰爭。

表7-2(續)

評估指標	詳細風險點	重點關注內容	審計性質	備註
操作風險對流動性風險的影響	因資金運用不當導致流動性風險	1. 資金運用相關規則和制度執行的有效性、決策機制執行有效性 2. 投資資金的動態監控體系運作有效性 3. 結合公司風險偏好對資金運用的安全性和流動性進行評估，預防激進的投資行為引發投資大幅虧損的風險	確認+諮詢	受負債端的資金成本影響，投資端風險偏好被動提升。高成本負債倒逼形成高風險激進投資，極有可能引致更大的風險
	因普遍性或者嚴重的銷售誤導行為導致流動性風險(涉及分支機構檢查)	重點關注銷售行為不當引發的退保率大幅上升或者大規模退保風險，根據銷售誤導行為的性質（特別是一些具有普遍性地、趨勢性的銷售誤導行為）對可能產生的退保風險和現金流需求進行評估和分析（由於信息的不對稱、分支機構不配合等因素，可以從整改的角度出發，由分支機構進行自查，並建立對分支機構管理層不如實整改的問責追溯機制）	諮詢	2007開始壽險市場銷售的一些萬能險產品，部分公司存在「長險短賣」的情況，保單在滿期前出現大規模集中退保，保險公司不得不通過資本市場逆回購等措施籌集資金來緩和現金流衝擊
	其他操作風險對流動性的影響	其他操作風險對流動性的影響，比如未決賠款準備金對流動性計量的影響	確認+諮詢	

三、流動性風險監測

前瞻性信息對於做好準備迎接未來挑戰至關重要，內部審計可以通過建立流動性風險監測體系，從客觀的角度定期對相應流動性風險指標進行驗證和預測，提供諮詢建議。流動性風險監測模型如表 7-3 所示。

表 7-3　　　　　　　　　　流動性風險監測模型

評估指標	詳細風險點	重點關注內容	審計性質
流動性供給	新單保費收入對流動性供給的影響	分支機構績效審計，為提升經營績效提供諮詢建議（新業務保費收入會影響壽險的流動性供給，當新業務的實際保費收入低於預計保費收入時，公司的流動性便會惡化。在當前環境下，若保險公司調整業務結構和盈利模式，新單保費增速可能放緩；監管將進一步完善規則，推動萬能險規範有序發展，萬能險新單保費增長可能下滑）	諮詢
	續期保費收入對流動性供給的影響	根據單個保險產品或具有同質風險的保險合同組合對退保數據、保單貸款、保單失效數據進行監測分析，並對續期保費收入的影響進行評估（壽險保單通常採用預定退保率進行資產和負債匹配，退保率的大幅提升還會影響續期保費的流入，從而影響壽險公司的流動性供給）	諮詢
流動性需求	退保、保單貸款對流動性需求的影響	根據單個保險產品或具有同質風險的保險合同組合對退保數據、保單貸款數據進行監測分析和前瞻性評估，分析對流動性需求的影響（壽險公司一些本金回報保證的產品在不景氣時期可能增加退保和保單貸款，保單持有人的選擇權風險將增大，面臨著較大的退保和保單貸款壓力，增大了流動性需求）	諮詢

表7-3(續)

評估指標	詳細風險點	重點關注內容	審計性質
現金流測試	實際經驗與預期的偏離度	關注現金流基本情景測試中各項指標的實際經驗與預期的偏離度，評估分析導致重大偏差的因素，並提供改善建議	確認+諮詢
	現金流壓力測試假設的合理性	對現金流壓力測試指標使用假設進行驗證和預測（壓力測試提出的假設項的合理性），對壓力測試的結果進行評估	確認+諮詢
	流動性應急計劃	1. 當壓力測試出現不利結果時，公司是否制定了相應流動性風險應急措施 2. 對公司採取緩釋流動性風險的措施後的壓力測試結果進行評估	確認+諮詢

四、流動性風險後續審計

　　審計整改的效果是內部審計價值的體現，也是內部審計的目的，因而流動性風險管理的後續審計也將是內部審計的重點之一，對公司內外部檢查中反應出的流動性風險的整改措施和效果進行評估，並提出相應的意見和建議供董事會和管理層決策參考。對於應整改問題虛假整改的，對於應整改問題不加以重視、整改不到位的或不及時整改的，對於因整改失職導致嚴重後果的等，及時上報董事會審計委員會。

第八章　內部審計案例：流動性影響因素之一

——未決賠款準備金管理與審計[1]

　　準備金的計量對於保險公司的利潤有著非常大的影響，同樣也會影響著公司流動性的計量。其中壽險公司短期業務意外險和健康險的未決賠款準備金和非壽險業務一樣舞弊空間較大，相對於長期險種來說，短期險種引發準備金調整因素多，誘發風險大。未決賠款準備金的調整會涉及已發生未報案未決賠款準備金（IBNR）和已發生已報案未決賠款準備金（CASE）兩個方面，引發準備金調整的因素複雜，有可能是總公司層面的，也有可能是分公司層面的。由於意外險和健康險等短期業務在壽險公司整體業務中佔有相當比重，未決賠款準備金嚴重不足可能對壽險公司流動性風險和償付能力產生一定的影響。本章將通過短期壽險中的意外險和健康險「未決賠款準備金管理與審計」這一具體案例，介紹整個思考的過程和具體思路邏輯，試圖為風險識別及風險管理提供更為廣泛的分析視角。

---

[1] 筆者非常有幸能與亞太財產保險有限公司精算部總經理、精算責任人凌雲先生共同參與《未決賠款準備金管理與審計》的研究，感謝凌雲先生提出的許多專業意見和建議。

第一節　未決賠款準備金的重要意義和管理概述

未決賠款準備金是保險行業特有的負債科目，對於公司穩健經營和持續發展至關重要，往往成為各方博弈的焦點。未決賠款準備金是為尚未結案的賠案計提的準備金，包含已發生已報案未決賠款準備金（CASE）、已發生未報案未決賠款準備金（IBNR）及理賠費用準備金。本章著重討論已發生已報案未決賠款準備金、已發生未報案未決賠款準備金的管理與審計，不涉及理賠費用準備金以及再保分出等情況。

一、未決賠款準備金的重要意義

（一）未決賠款準備金對經營管理的影響

高洪忠（2009）《中國財險業盈餘管理問題分析》指出，評級機構A. M. Best 研究了美國 1969—2002 年間破產原因較為明確的 562 家財產險公司及其破產的主要原因，其中 37.2%為準備金不足。準備金不足分為未到期責任準備金不足和未決賠款準備金不足。由於已發生未決案件在未來的賠付金額及時間存在不確定性，未決賠款準備金的充足性直接關係到公司的償付能力高低，避免公司遭受非預期的重大損失而引發動盪乃至破產，同時也會影響著公司流動性的計量。因而未決賠款準備金對公司的穩健經營有著至關重要的影響。

（二）未決賠款準備金對產品定價的影響

純風險損失（已決賠款及賠款準備金）是產品價格的下限，而未

決案件基礎數據失真會導致保險公司低估或高估某類產品被保險人的風險。低估風險將會使期望索賠成本下降，可能引發大量低價售出保單，擴大了該類業務的承保損失。而高估風險將會使期望索賠成本上升，價格上升在一定程度上會影響產品的吸引力和競爭力。

(三) 未決賠款準備金對公司稅務的影響

稅賦誘因對未決賠款準備金充足率有著顯著影響，為了節稅、避稅，從而有意識地調整年末未決賠款準備金餘額。一是財稅〔2012〕45號、財稅〔2016〕114號《關於保險公司準備金支出企業所得稅稅前扣除有關政策問題的通知》規定，已發生已報案未決賠款準備金，按最高不超過當期已經提出的保險賠款或者給付金額的100%提取，已發生未報案未決賠款準備金按不超過當年實際賠款支出額8%提取的准予在稅前扣除。二是未決賠款準備金是企業的營業成本，增加當年度未決賠款準備金就會減少當年度應納稅總額，從而減少所得稅計提。

二、未決賠款準備金的管理概述

未決賠款準備金管理是為了保障其準備金合理性、充足性，避免準備金預提不足的風險，這是一個動態的管理過程。

(一) 通過優化內部控制，提升數據有效性

未決賠款準備金基礎數據管理主要體現在未決賠案以及已發生已報案未決賠款準備金的管理，即數據可信度、準確度和真實性。一是在絕對偏差管理方面，如加強CASE準備金的管理，強化查勘定損人員的隊伍建設，提升定損金額的準確性；又如對於發生頻率低、損失程度大的業務賠案，加強與專業公估公司（或專家）合作，提升估損及時性與

合理性。二是在相對偏差管理方面，通過系統管控強化未決賠款準備金數據的管理質量，理賠業務系統與財務系統、再保系統理賠數據的無縫對接提升數據的準確度和完整性。通過提高理賠管理工作的信息化程度，提升案件信息的及時性和準確性，從而減少分公司調整數據的空間和可能等。三是強化系統對於數據的管控。建立及時立案（報案即立案）和系統數據自動檢測機制，對於邏輯混亂、內容相互矛盾的數據系統自動下發進行清理；對於異常數據，如大量跨年註銷、系統懲罰性翻番建立自動報警機制，強化對異常數據的監督管理。除此以外，還要加強對未決賠款管理指標的監控和管理，並將管理指標納入考核體系內。

(二) 通過加強精算監控，提高評估準確度

當精算人員對於分機構 CASE 評估人為不足時，應通過 IBNR 進行補提。CASE 的充足程度是精算評估工作重點和難點，精算人員應建立一套完整的業務監控體系，關注指標包括承保端的業務結構變化、保單折扣變化；理賠端未決的初始賦值金額設定、系統自動上浮規則、未決案件註銷/恢復情況、結案速度變化情況、未決準備金發展偏差情況等。精算人員只有即時關注業務變化，制定合理的精算假設，採用科學的精算方法，才能準確評估準備金。此外，公司應提高精算人員地位，提供良好的工作環境，保障精算評估結果的獨立性、專業性和權威性。

第二節 未決賠款準備金偏差分析

已發生已報案未決賠款準備金是由理賠人員通過逐案預估的方式確

定；已發生未報案未決賠款準備金則是由精算人員制定精算假設，採用精算方法評估所得。由於賠案發生的頻率和賠付的金額都存在不確定性，未決賠款準備金的預估金額與實際賠款支付金額會存在偏差。未決賠款準備金偏差指回溯日評估值與前期會計報表中的評估值之差，根據統計口徑的不同，未決賠款準備金偏差可分為絕對偏差和相對偏差。

一、未決賠款準備金絕對偏差

絕對偏差是指統計區間所有結案案件估損金額與結案金額之間差異的絕對值之和，造成絕對偏差的原因主要是管理、能力、責任心等因素。

（一）管理因素

在總公司層面，一是管理層的整體風險偏好，若管理層對未來的預期比實際樂觀，或者管理者較為激進，未決賠款準備金評估可能採用一些較為樂觀的假設，反之採用較為保守的假設。二是內控效果，即機制體制建設、流程管控等方面，如未決賠案管理指標監測、系統對理賠的全流程管控、未決賠款準備金基礎數據的可信度、準確度和真實性等。三是執行力，即總公司各相關崗位人員的管理執行效果，如對於分公司人為調整 CASE 的管控等。在分公司層面，主要是從報案到結案整個理賠的全流程管控效果，包括人力、培訓、激勵、監督等方面。如機構在理賠政策與實務的執行情況及執行的效果，是否存在大量的外勤代查勘、查勘定損分離（根據查勘人員報告來定損）、缺乏對公估公司查勘效果的評估等均會對未決估損的效果造成影響。

（二）能力因素

一是技術問題，如準備金評估的假設、方法與流程存在不合理的情

況導致出現估損偏差。二是經驗數據缺乏的問題，如新公司、新開業的分支機構由於自身數據不充分（行業數據不完整），無法對未決金額進行合理的假設；又如新業務或者某些特殊險種，由於行業數據缺乏從而影響對未決金額的專業判斷。三是綜合素質和技能不足的問題，未能合理估計案件的未決金額以致估損偏差率較高。

（三）態度因素

一是責任心的問題，相關人員在初次錄入估損金額後未定期進行跟蹤與更新，以致系統中的未決估損數據不準確。二是不作為的問題，如查勘定損人員在未去現場的情況下，隨機在系統中錄入初次估損金額；又或者雖然前往現場查勘，卻是走形式、走過場的態度，隨意確定初次估損金額。

二、未決賠款準備金相對偏差

相對偏差（又稱代數偏差）是指統計區間所有結案案件估損金額與結案金額之間差異的代數和，是反應人為調節修飾未決賠款準備金的重要指標。人為調整未決賠款準備金可能有多種因素，如盈餘管理、實現逃（避）稅、達成考核指標（如滿期賠付率）、滿足監管要求等目的。

（一）管理層干預

公司管理層的干預往往會影響到未決賠款準備金評估的獨立性。受公司經營戰略、發展方向、盈餘管理等影響，管理層對當年度未決賠款準備金進行人為調整，如快速擴張發展的公司為了保證償付能力的充足性低估未決賠款準備金。一是通過精算調整IBNR。根據保險監管的要

求，精算對公司總體準備金充足性承擔責任，精算計提 IBNR 時需要充分結合 CASE 的充足度，對總體準備金進行評估；當 CASE 準備金出現不足時，精算師需要加提 IBNR 進行補充，當 CASE 過於充足時，精算師需要少提 IBNR 進行對沖。管理層干預準備金的主要手段是直接干預精算提取的 IBNR 金額。二是總公司統籌要求分公司調整 CASE。（操作手法同分支機構指標修飾）

（二）分支機構指標修飾

人為修飾調整 CASE 主要通過立（撤）案、人為變動估損值兩種操作手法影響估損偏差，具體如表 8-1。

表 8-1　　　　　　　　估損偏差影響操作

調整方式	少提未決	多提未決
通過立(撤)案來調整	當年末不立案，來年初立案	—
	當年末大量撤案，來年初重新立案	年末大量立案，來年初撤案
通過人為變動估損值來調整	年末故意通過系統自動立案（不主動查勘定損）	立案時故意高估損
	立案時故意低估損，來年調整	人為調高估損值
	人為調低估損值	長期大量通過系統自動立案（通過系統懲罰性翻番）
	知道估損偏低，故意不調整	知道估損偏高，故意不調整

三、未決賠款準備金偏差影響分析

從統計口徑來看，未決賠款準備金偏差分為絕對偏差和相對偏差。從偏差金額來看，正值顯示準備金評估結果存在不利發展，負值顯示準備金評估結果存在有利發展。當不利發展金額較大時，保險公司財務狀

況、盈利水準、流動性以及償付能力狀況將會受到顯著影響，具體分佈如表 8-2（未考慮機會成本）。

表 8-2　　　　　　　　　　偏差分佈明細表

偏差分佈	風險評估
絕對偏差大、相對偏差大	未決賠款準備金管理失控，管理和專業技能明顯不足，或存在嚴重的人為調整未決賠款準備金的情況，對公司財務狀況、盈利水準、流動性以及償付能力狀況將造成較為嚴重影響
絕對偏差大、相對偏差小	未決賠款準備金管理和專業技能明顯不足，可能會導致經驗數據失真
絕對偏差小、相對偏差小	未決賠款準備金管理風險可控

第三節　未決賠款準備金審計探索

　　對於目標和關鍵流程點的理解是每一具體審計項目開展的思考邏輯起點。對於目標的正確理解，對於風險的有效識別和評估，對於控制健全性和有效性的有效識別和評估等，這些是有效審計項目開展的核心要素。同時，對於「目標-風險-控制」這一基本思考邏輯框架的正確理解和熟練運用，可以使內部審計人員快速從事不同領域的審計項目，即使這些領域是不熟悉的。正是基於對這些的理解，我們建立了未決賠款準備金的審計模型。

　　未決賠款準備金審計是對準備金評估工作的事後監督，主要關注準備金評估方法、流程的合規性，評估假設的科學性、延續性，評估結果的合理性、穩定性。對於審計中發現的問題給予精算管理正向反饋，以

利於修正提升，促進公司經營管理。

一、管理機制的健全性及執行的有效性評估

從內部審計的角度出發，主要以法律法規、監管規定、公司內部管理要求以及行業最佳實務為基準，結合未決賠款準備金管理審計問題產生的原因，重點關注制度的健全性和流程的完善性。一是制度建設的健全性，包括制度建設是否完整、考核指標是否完整，如是否建立了未決賠案管理制度和積案定期清理長效工作機制，相關制度是否與監管規則相符、是否與績效考核直接掛勾考核到人等。二是制度執行的有效性，如相關管理要求是否落實到人、落實到崗等。三是系統管控的健全性，如關鍵環節是否通過系統功能和權限設定加以控制等。

二、未決賠款準備金管理指標評估

《中國第二代償付能力監管制度體系建設規劃》規定：準備金風險是指由於已發生未決案件在未來的賠付金額及時間存在不確定性，導致賠付可能超過準備金金額，從而使保險公司遭受非預期損失的風險。因而未決賠款準備金評估的準確性對於公司的穩健經營至關重要。未決賠款準備金管理指標在一定程度上能夠評價賠案處理的時效性與未決賠案估損的準確性。對未決賠款管理指標進行評估[①]，重點關注具有較大波動性（階段性波動）、嚴重偏離公司/行業平均水準的系列指標，分析是否存在人為調節的可能性。我們還可以運用現代信息化審計手段，通

---

① 未決賠案管理指標包括但不限於：報案註銷率、立案註銷率（筆數/金額）、報案立案率、限時立案率（筆數/金額）、報案結案率、零賠付結案率（筆數）、初次估損偏差率（代數/絕對）、已發生已報案未決賠款準備金發展偏差率、案件重開率（筆數/金額）、案均結案週期、案均估損金額、案均結案金額、理賠人均產能等。

過大數據對系統記錄案件信息進行關聯性、邏輯性分析進行後驗評估，從異常數據中發現存在的潛在的風險。同時，我們更要關注問題產生的原因，是管理上的問題還是人為的問題，是制度流程的缺陷還是操作誤差。未決賠款準備金管理指標評估如表 8-3。

表 8-3　　　　　　未決賠款準備金管理指標評估

評估指標	重點關注內容	
一、是否存在未決賠款準備金預估不足的風險，重點關注是否存在修飾未決賠款準備金的情況，可能的驅動原因有： 1. 增加盈餘(分支機構達成利潤等考核指標)； 2. 達成賠付率等考核指標； 3. 增加帳面償付能力（滿足監管要求）； 4. 滿足股東及投資人的要求； 5. 其他	（一）重點關注精算假設的合理性、精算假設基礎數據的完整性及準確性，是否存在未決賠款準備金預估不足的風險	
	（二）關注系統記錄案件信息，如出險時間、報案時間、立案時間、結案時間、案件查勘金額、估損信息修改時間、估損金額，通過信息化審計手段進行數據分析，判斷是否存在人為調整以致 CASE 不足的風險	
	1. 通過立（撤）案來調整	
	1.1 跨年註銷重開	1.1 重點關注立案註銷率（筆數/金額）、案件重開率（筆數/金額）等指標，並對註銷案件信息（時間、金額）以及註銷證明材料的合理性進行分析，判斷是否存在大額（大量）案件註銷後跨年重開的情況
	1.2 跨年延遲報立案	1.2 重點關注報案註銷率等指標，並對系統記錄案件信息邏輯性分析，判斷是否存在大量有悖於常理的數據，如存在大額(大量)案件出險報案時間間隔較長（跨年）而立案結案時間明顯低於案均結案週期的情況
	1.3 人為調整案件處理速度	1.3 重點關注案均結案週期等指標，判斷是否存在大量年底 IBNR 賠案的報案和處理時間反而延長的情況
	2. 通過人為變動估損值來調整	
	2.1 年底集中調低未決案件估損金額	2.1 歷次估損信息（時間、金額）分析，判斷是否存在主觀故意在年底集中調低未決案件估損金額的情況
	2.2 立案低估損故意不調整（或跨年調整）	2.2 重點關注初次估損偏差率等指標，並對案件的屬次估損信息（時間、金額）進行分析，判斷是否存在大額（大量）案件估損偏低不調整或跨年調整的情況
	2.3 人為調低估損值	2.3 重點關注同類性質險種的案均估損金額、案均結案金額等指標，判斷是否存在某一時期（年末）人為調低估損值的情況
	2.4 年末故意通過系統自動立案	2.4 對系統自動立案信息進行分析，判斷是否存在大量年末系統自動立案（不主動查勘定損）的情況

表8-3(續)

評估指標	重點關注內容		
二、是否存在避(逃)稅等隱藏盈餘的情況	（一）IBNR/當年實際賠款支出額是否接近8%，判斷是否存在少計提IBNR來避（逃）稅		
^	（二）關注系統記錄案件信息，如出險時間、報案時間、立案時間、結案時間、案件查勘金額、估損信息修改時間、估損金額，通過信息化審計手段進行數據分析：		
^	1. 通過立（撤）案來調整		
^	1.1 年末大量立案跨年撤案	1.1 重點關注立案註銷率（筆數/金額），並對註銷案件信息（時間、金額）分析，判斷是否存在大額（大量）案件年末立案跨年撤案的情況	
^	1.2 跨年結案中異常零賠付結案	1.2 重點關注零賠付結案率（筆數、金額），並對零賠付案件的屬次估損信息（時間、金額）進行分析，判斷是否存在跨年異常零賠付的情況	
^	2. 通過人為變動估損值來調整		
^	2.1 立案高估損故意不調整（或跨年調整）	2.1 重點關注初次估損偏差率等指標，並對案件的屬次估損信息（時間、金額）進行分析，判斷是否存在大額（大量）案件估損偏高不調整或跨年調整的情況	
^	2.2 人為調高估損值	2.2 重點關注同類性質險種的案均估損金額、案均結案金額等指標，判斷是否存在某一時期（年末）人為調高估損值的情況	
^	2.3 長期大量通過系統自動立案	2.3 對系統自動立案信息進行分析，判斷是否存在系統自動立案未及時進行估損而懲罰性翻番的情況	
三、未決賠款準備金回溯分析效果	重點關注已發生已報案未決賠款準備金發展偏差率等指標，是否進行了合理的動態調整，當存在不利發展的情況時是否及時進行原因分析及修正		
四、數據質量管理效果	重點關注系統中未決賠款數據的完整性及準確性，財務系統、精算系統數據的一致性等，對數據的可信度、準確度和真實性進行合理的評估		
五、理賠案件內控管理質量	1. 人工立案效率	重點關注報案立案率、限時立案率等指標，對於異常情況進行原因分析（如理賠人員態度、工作飽和度等）	
^	2. 結案處理效率、案件處理效率	重點關注報案結案率、理賠人均產能等指標，對於異常情況進行原因分析（如理賠人員的技能、態度等）	
^	3. 首次估損準確度	重點關注初次估損偏差率（筆數）等指標，對於異常情況進行原因分析（如理賠人員的技能、態度等）	

三、審計案例

某審計小組根據年度內部審計計劃，對未決賠款準備金的評估、基礎數據控制、回溯分析管理、底稿編製等方面進行內部審計，對人為調整未決賠款準備金進行盈餘管理等情況進行重點檢查。

（一）案例 1：調整 IBNR

1. 審計思路和方法

基於「總體分析、發現疑點、分散核實、系統研究」的思路，審計組利用大數據等信息化審計手段進行全量數據分析。基於經驗，我們調閱了分公司連續三年的利潤表，發現某一分公司未決賠款準備金的提取存在較大的波動，如圖 8.1 所示。

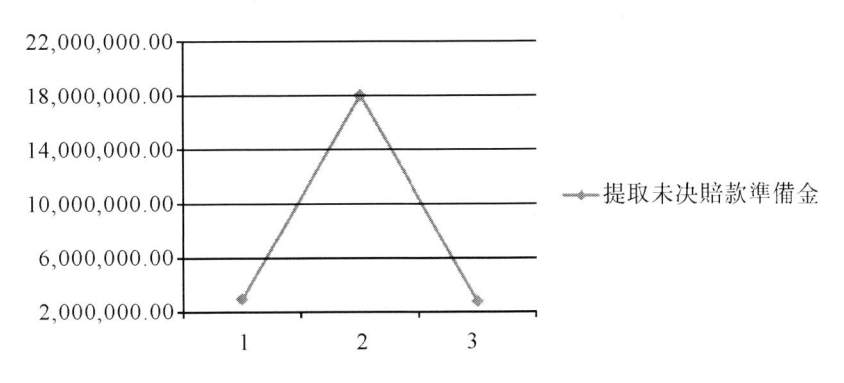

圖 8.1　未決賠款準備金提取示意圖

利潤表上提供的提取未決賠款準備金數據是提轉差，第一年報表餘額 300 餘萬元，第二年未決賠款準備金提取數為 2,000 餘萬元，增幅異常擴大超過 500%，第三年未決賠款準備金提取數為 2,300 餘萬元，增幅趨於平緩。而第二年當期並未出現較大的理賠事項，存在明顯的不合理。調取該分公司第二年上報的未決賠款準備金中 CASE 數據為 300 餘

萬元，對差異不構成較大影響。進一步調取三年未決賠款準備金提取數據顯示，IBNR 存在著較大的波動，如表 8.2 所示。

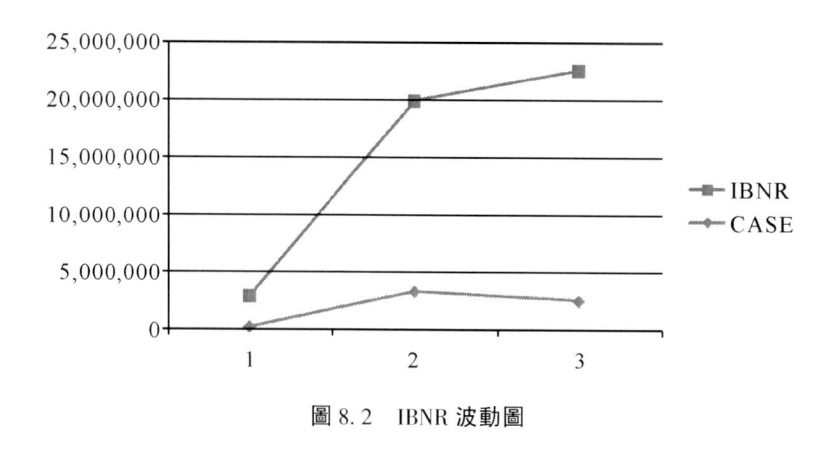

圖 8.2　IBNR 波動圖

為了驗證第二年年未決賠款準備金提取的準確程度，我們對第二年出險且在第三年及以後年度賠付的數據進行了統計分析。從數據上來看，出險時間在第二年度的賠案已經接近尾聲。從統計結果上來看，賠付金額為 1,300 餘萬元，第二年提取的未決賠款準備金與實際賠付相差 700 餘萬元，偏差率超過 30%。

2. 原因分析

未決賠款準備金是保險行業特有的負債科目，核算未決賠款準備金的核心方法是預估，預估建立在科學的方法技術和人為經驗假設之上。預估的結果一定會出現偏差，所以未決賠款準備金備受挑戰，未決賠款準備金往往成為監管與保險主體之間、保險精算與評估對象之間、總分公司之間博弈的焦點。理性的經驗管理應該給準備金評估偏差設置一定的容忍空間，要求評估人員提升專業技術，堅守職業底線，將準備金評估偏差控制在容忍範圍內，並逐步縮小範圍。

上述案例中，總公司通過人為調整 IBNR，影響年末損益構成。多

計提 IBNR，在一定程度上會影響公司資金的使用效果；然而少計提 IBNR，在一定程度上就會影響公司對流動性需求的計量。

（二）案例 2：調整 CASE

1. 審計思路

基於「總體分析、發現疑點、分散核實、系統研究」的思路，審計組利用大數據等信息化審計手段進行全量數據分析。基於經驗，對內部審計期間系統記錄案件的信息，如出險時間、報案時間、立案時間、結案時間、案件查勘金額、估損信息修改時間、估損金額等進行勾稽關係分析，重點關注邏輯混亂、內容相互矛盾等異常數據。並建立了相應的數據模型，如疑似跨年註銷重開數據模型、疑似跨年延遲報立案數據模型等。

通過數據分析，審計組發現某機構年底註銷 30 餘筆短期壽險賠案，後又於第二年一季度重開案件，共涉及金額 200 餘萬元，重開賠案的原因均為「立案註銷錯誤重開」，數據存在較大異常。

2. 審計方法

審計組立即對於疑點數據進行重點核實。對該機構當年已發生已報告發展趨勢、承保利潤變化進行重點分析，發現已發生已報告金額從 9 月份開始逐步下降，而承保利潤從 9 月份的負值逐步上升至 12 月為正。如圖 8.3、圖 8.4 所示。

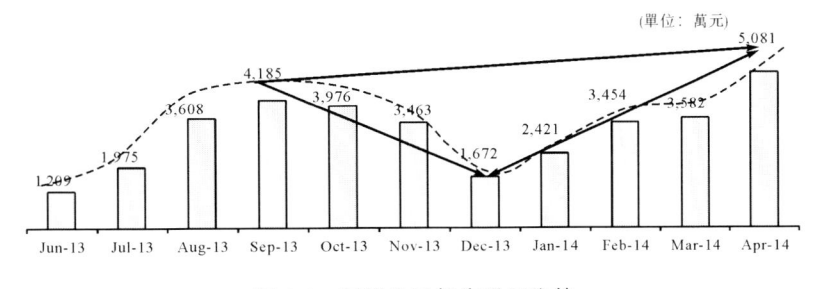

(單位：萬元)

月份	金額
Jun-13	1,209
Jul-13	1,975
Aug-13	3,608
Sep-13	4,185
Oct-13	3,976
Nov-13	3,463
Dec-13	1,672
Jan-14	2,421
Feb-14	3,454
Mar-14	3,582
Apr-14	5,081

圖 8.3　已發生已報告發展趨勢

(單位：萬元)

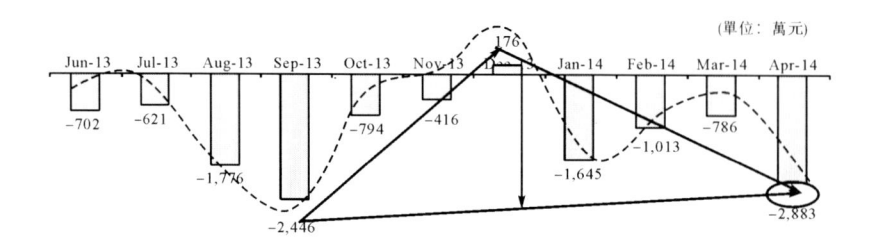

```
Jun-13  Jul-13  Aug-13  Sep-13  Oct-13  Nov-13       Jan-14  Feb-14  Mar-14  Apr-14
                                                176
 -702   -621                    -794    -416                                
                -1,776                                        -1,013   -786
                                                      -1,645
                  -2,446                                                     -2,883
```

圖 8.4　承保利潤變化趨勢

　　審計組對上述異常數據的案例進行調檔，通過對原始檔案查看發現某短期意外險案件於 11 月收到法院傳票，案件屬於訴訟狀態，但 12 月底在系統中註銷案件，於次年 3 月重開案件賠款 18 萬餘元；又如某案件資料顯示某年 10 月發生交通事故，事故者當場死亡，存在較大賠付可能，公司卻於 12 月將案件註銷，次年 1 月重開案件補賠 17 萬餘元。通過分析，審計組認為上訴案件存在較大的惡意註銷重開情況，但對利潤影響並不顯著。

　　審計組進一步對該機構案件進行指標分析、回溯分析以及數據邏輯性等分析，發現還存在其他案件拖延，跨年調整估損；年末估損金額為零元的案件；年末調整預估金額；疑難案件年末未及時上報次年初再調增立案金額等多種情況，且對當年度利潤的影響是顯著的。

　　3. 原因分析

　　基於大量事實的情況下，審計組與被審計機構管理層進行深入溝通。由於當年度利潤達成情況與年度績效獎金直接掛鉤，如果利潤為負管理層績效為零，該機構管理層為了獲取一定的年終績效，通過調整 CASE 虛增利潤。進一步瞭解，總公司在評估未決賠款準備金的過程中，雖然建立未決案件相關指標考核，但卻很少運用考核結果進行管

理，也很少對分支機構數據失真問題採取強力措施進行糾正和懲罰。從而分支機構可通過與總公司進行數據博弈，達到修飾指標的目的。

　　上述案例中，分公司通過人為調整 CASE，影響年末損益構成。當分公司少計提 CASE，總公司未能發現並通過 IBNR 進行補提時，在一定程度上就會影響公司對流動性需求的計量。

參考文獻

［1］詹姆斯·格雷.企業成功要訣——贏得信任［M］.夏忠華，等譯.北京：中國經濟出版社，1990.

［2］畢培，克迪.信任：企業和個人成功的基礎［M］.周海琴，譯.北京：經濟管理出版社，2011.

［3］紀堯姆·普來丁，讓·夏爾·羅歇.保險危機來臨時：對審慎監管作用和設計的經濟分析［M］.北京：中國金融出版社，2017.

［4］馬科姆·格拉德威爾.大開眼界［M］.李巧雲，譯.北京：中信出版社，2014.

［5］史蒂芬·列維特，史蒂芬·都伯納.魔鬼經濟學［M］.王曉鵬，湯瓏，曾賢明，譯.北京：中信出版社，2016.

［6］埃里克·班克斯.流動性風險：企業資產管理和籌資風險［M］.褚韻，譯.北京：經濟管理出版社，2005.

［7］萬志宏.流動性之謎：困擾與治理［M］.廈門：廈門大學出版社，2012.

［8］周葉.納稅人納稅行為的經濟學分析［M］.上海：上海財經大學出版社，2009.

[9] 全雪軍, 楊曉蘭. 行為經濟學 [M]. 北京: 首都經濟貿易大學出版社, 2009.

[10] 劉鳳良, 周業安. 行為經濟學: 理論與擴展 [M]. 北京: 中國經濟出版社, 2008.

[11] 朱貽庭. 倫理學大辭典 [M]. 上海: 上海辭書出版社, 2010.

[12] 孫立娟. 保險公司破產的國際經驗與借鑑 [J]. 保險研究, 2009 (6): 67-64.

[13] 馮占軍. 日本保險公司破產風潮及啟示 [J]. 當代亞太, 2005 (7): 49-53.

[14] 王凱, 謝志剛. 現金流視角下的保險公司償付能力定義 [J]. 保險研究, 2014 (2): 3-10.

[15] 王雅婷, 張玉春, 吳啓富. 中國保險週期與經濟週期的測度 [J]. 統計與決策, 2017 (21): 156-159.

[16] 高明. 保險公司經營活動現金流管理: 從分析到戰略 [J]. 財務與會計, 2012 (4): 37-39.

[17] 孫莎. 商業銀行流動性創造與資本充足率關係研究——來自中國銀行業的經驗證據 [J]. 財經研究, 2014 (7): 65-75.

[18] 白智奇, 陳豔, 王晰, 於洪鑒. 國有上市公司業績與高管隱性腐敗研究——基於行為經濟學視角 [J]. 科研管理, 2018 (2): 100-107.

[19] 楊俊峰. 內部審計「以風險為導向的審計理念」探析 [J]. 中國內部審計, 2015 (6): 16-20.

[20] 劉德運. 內部審計幫助企業增加價值 [J]. 審計研究, 2014 (5): 108-112.

［21］郭洪川，楊培. 財產保險公司分支機構未決賠款準備金區域市場監管機制研究［J］. 保險研究，2013（11）：82-86.

［22］高洪忠. 中國財險業盈餘管理問題分析［J］. 北大賽瑟（CCISSR）論壇，2009，118-137.

［23］劉新喜. 財險公司未決賠款準備金波動風險及其防範對策［J］. 保險研究，2009（1）：87-90.

［24］周晶晗. 中國產險業未決賠款準備金修飾盈餘實證研究［J］. 審計與經濟研究，2007（5）：96-100.

［25］單鵬. 中國保險費率市場化改革研究［D］. 大連：東北財經大學，2015.

［26］李琴. 現代風險導向審計模式下的企業內部審計研究［D］. 太原：山西財經大學，2014.

［27］黃海. 風險導向內部審計框架構建及應用研究［D］. 成都：西南財經大學，2009.

［28］宗淑芳. 風險導向內部審計研究［D］. 北京：北京交通大學，2007.

［29］羅冬梅. 風險導向內部審計在中國的應用研究［D］. 長沙：湖南大學，2007.

［30］嚴暉. 風險導向內部審計若干問題研究［D］. 廈門：廈門大學，2004.

後記

　　無論是對流動性風險的研究，還是對內部審計體系的思考，我們一直在堅持著，也期待今後在理論研究和實務探索方面取得更有卓效的成績。我們知道，我們的研究方向僅是該領域的某一切入點，我們的研究內容也僅是該領域的一部分。同時，由於我們在數理統計模型方面的不足，我們更多的是基於經驗，從理論和實踐的角度進行探索。我們期待有更多的學者和同行參與到中國保險業風險管理的研究中，從不同的角度和層面激發我們的思考，提升我們的認知，為行業的風險管理提供有益的實踐探索。

　　值得欣慰的是，我們堅持下來了，從而形成了本專著。在這一過程中我們閱讀了大量的書籍和刊物，進行了廣泛深入的交流和諮詢，從而擴展了我們的視野和思維；在這一過程中我們廣泛接受來自前輩們研究中的不同聲音，從而可以辯證的去思考；在這一過程中我們學習了行為經濟學、風險管理、內部審計等多領域的知識，並運用到自己的研究中……更為值得一提的是，持續學習已經融入我們的工作和生活中，對於未知領域的好奇促使我們不斷開拓自身的視野。

　　我們相信，隨著我們專業能力和行業經驗的進一步提升，我們在研

究和實踐的道路上會取得更好的成果。在科學技術飛躍發展的時代，大數據、人工智能等新技術給各行各業帶來了革命性的變革，我們所從事的行業——保險業也不例外。在變革的同時，伴隨著的是組織所面臨的風險的變化。我們尤其期待，我們研究和探索能和時代的發展一同進步，在風險管理、內部審計等領域做出更多的努力。

致謝（一）

　　從事理論研究是我的夙願，我做了30多年的金融保險行業的風險管理及內部審計工作，且絕大部分時間是在第一線從事實踐工作，深知理論的重要性、特別是對實踐的指導意義。從20世紀80年代中期到90年代中期，我曾在安徽省人民銀行主辦的刊物上發表過幾篇小文章，算是一種嘗試，但總是感到不滿意，總是覺得缺少點什麼。幾十年來，帶著這種夙願，我平時注意讀一些理論著作，學習基本原理；在實踐中注意多角度觀察事物，瞭解事物不同層面的關聯，最終找出事物發展的規律；在審計中提出解決問題的建議時，注意參考理論依據，力爭做到有理有據。

　　2008年底太平保險集團實行重大改革，對內部審計實行集中化管理、專業化獨立運作，成立了稽核中心，使我的專業能力得到了充分的發揮。2015年初稽核中心領導將我調到規劃管理部，提供了參與集團稽核工作頂層設計的機會，全面瞭解集團風險狀況，這些都為開展理論研究創造了良好的條件。2016年《償二代》開始試行，保險行業從規模資本管理正式走向風險資本管理時代，提出以風險為導向的資本管理模式。加上2016年起業內出現生命人壽、前海人壽等一系列事件，在

領導的支持和小夥伴的幫助下，我終於勇敢地開始了中國壽險公司流動性風險的理論研究，2017年參加了中國保監會部級研究課題項目——「防範化解中國保險機構流動性風險研究」。

功夫不負有心人，《防範化解中國壽險公司流動性風險研究》這一專著終於落筆了，這是我們生命裡最有意義的時刻之一。在此，衷心感謝太平保險集團稽核中心，給我提供了催人奮進的舞臺，能有幸和許多優秀的專業人士一同工作，參與稽核中心「十三五」規劃的研究和制定，感謝他們給予的許多專業方面的建議。衷心感謝那些關心、支持和幫助我的領導、朋友、家人及小夥伴們！感謝中國銀保監會財產保險監管部主任李有祥先生、中國太平保險集團稽核總監陳默先生給我們關心和指導！感謝他們舉薦我們參加中國保監會「防範化解中國保險機構流動性風險研究」部級研究課題項目；李有祥先生還在百忙之中抽出時間給本專著作序。感謝太平保險集團稽核中心副總經理何承利先生在我們理論研究過程中給予的富有建設性的意見和建議！感謝《保險理論與實踐》編輯劉延輝博士對我們給予的指導和幫助！感謝凌雲先生給予的專業指導和密切合作！感謝何春梅女士，為整本專著的出版所付出的努力和專業的指導！感謝李思嘉老師在整本書稿編輯過程中的辛勤付出！

最後，特別感謝愛徒劉小書！如果沒有她的勤奮努力，我們可能就難以完成理論研究課題，也就不會有這麼多篇文章的發表。

路漫漫其修遠兮，吾將上下而求索。

沈 璜

2018年7月

致謝（二）

撰寫本專著是我生命裡最有意義的時刻之一，不禁讓我回想起從第一次嘗試進行理論研究到現在的系列感悟和體會。文章的成稿，離不開來自家庭、朋友和同事的鼓勵和支持。感謝來自父母無私的愛，你們教會了我生活的真諦——樸實、堅定和努力。感謝中國銀保監會財產保險監管部主任李有祥先生對我們理論學習和研究的鼓勵和幫助！感謝沈璜先生、何承利先生等在保險和內部審計領域有著非凡認知和豐富經驗的前輩們！如果沒有來自沈璜先生的鼓勵和支持，我可能就不會踏足理論研究這一領域，也就不會有與沈璜先生合作發表的多篇文章！如果沒有何承利先生一直來富有建設性的建議和熱情的幫助，可能就不會形成這些系統性的成果！同時，也非常感謝《保險理論與實踐》編輯劉延輝先生的鼓勵和支持，以及對我們所發表文章的指正和幫助！

在此，我還要感謝我所在的公司：太平保險集團稽核中心、泰康保險集團稽核中心對我從事理論學習給予的鼓勵和支持！有幸能與許多優秀的專業人士一同工作，參與到規劃研究以及多次大型項目實踐，給予了我許多專業方面的建議，對我的思維有著重要的啓發。更為重要的

是，在工作中我們建立的深厚友誼。

最後，我必須要感謝我們的編輯何春梅女士，為整本專著的出版所付出的努力和專業的指導，提出了許多富有建設性的建議，感謝李思嘉老師在整本書稿編輯過程中的辛勤付出，以確保達到我們所預期的效果。

劉小書

2018 年 7 月

國家圖書館出版品預行編目（CIP）資料

防範化解中國壽險公司流動性風險研究 / 沈璜, 劉小書 著. -- 第一版.
-- 臺北市：財經錢線文化, 2019.10
　　面；　公分
POD版

ISBN 978-957-680-385-7(平裝)

1.保險業 2.風險管理 3.中國

563.726　　　　　　　　　　　　　　　　　　108016730

書　　名：防範化解中國壽險公司流動性風險研究

作　　者：沈璜、劉小書 著

發 行 人：黃振庭

出 版 者：財經錢線文化事業有限公司

發 行 者：財經錢線文化事業有限公司

E－mail：sonbookservice@gmail.com

粉絲頁：　　　　　　網址：

地　　址：台北市中正區重慶南路一段六十一號八樓 815 室
8F.-815, No.61, Sec. 1, Chongqing S. Rd., Zhongzheng Dist., Taipei City 100, Taiwan (R.O.C.)

電　　話：(02)2370-3310　傳　真：(02) 2388-1990

總 經 銷：紅螞蟻圖書有限公司

地　　址：台北市內湖區舊宗路二段 121 巷 19 號

電　　話:02-2795-3656 傳真:02-2795-4100　　網址：

印　　刷：京峯彩色印刷有限公司（京峰數位）

　　本書版權為西南財經出版社所有授權崧博出版事業股份有限公司獨家發行電子書及繁體書繁體字版。若有其他相關權利及授權需求請與本公司聯繫。

定　　價：280元

發行日期：2019 年 10 月第一版

◎ 本書以 POD 印製發行